Cahier d'entraînement de Chinois 2

A1 à A2

练一练

par les auteurs de
la collection Nǐ shuō ya !
Jin Yezhi et Claude Lamouroux

didier

Bienvenue
dans votre cahier d'entraînement de chinois !

Ce cahier comprend **22 séquences de travail** qui reprennent l'essentiel du contenu des **deuxième et troisième années de chinois.** Il permet de s'entraîner tout au long de l'année ou de réviser pendant les vacances.

Vous pourrez ainsi revoir **le lexique et les structures grammaticales de base, ainsi que l'écriture des caractères.** Les pistes audio à télécharger permettent aussi de travailler la **compréhension de l'oral** et d'améliorer la **prononciation** grâce à la répétition du vocabulaire.

Pour progresser ou réviser efficacement, il est recommandé de **suivre les séquences dans l'ordre.** Vous pouvez également choisir de travailler un point de lexique ou de grammaire en particulier en vous référant au **tableau de bord.**

Au centre du cahier, **les corrigés et les transcriptions des enregistrements** permettent de s'assurer de la bonne compréhension des activités. À la fin de l'ouvrage, vous pourrez vous entraîner sur **les pages d'écriture guidée** et consulter le **lexique** chinois-français.

Un **lexique** des mots essentiels, avec le pinyin et la traduction.

Les notions de **grammaire** expliquées simplement avec des exemples.

Des **activités** progressives et ludiques pour s'entraîner tout en s'amusant.

Des grilles pour savoir écrire **les caractères** les plus fréquents.

Pour favoriser un bon apprentissage du chinois, le pinyin doit uniquement servir de béquille. Il est donné sous les caractères qui ne figurent pas dans le lexique de la page ou les grilles de composition, mais il ne doit être utilisé qu'en dernier recours dans les activités de production écrite, lorsque vous ne connaissez pas l'écriture d'un caractère.

TABLEAU DE BORD

Chaque fois que vous avez terminé une révision, cochez la case correspondante.

Séquence	Page	Lexique	Grammaire	Caractères	
1 Entre amis	4	les loisirs entre amis	d'abord… puis	来，朋，友，电	☐
2 En voilà des amis !	6	les traits de caractère	ne plus ; dire à quelqu'un ; souvent ; parfois	说，常，生	☐
3 Questions d'argent	8	les petits achats	combien ? ; à quelqu'un	用，少，给	☐
4 C'est la fête !	10	les préparatifs de fête	ou bien ? ; action accomplie	会，还，可	☐
5 On s'habille	12	les vêtements	les classificateurs des vêtements ; combien ça coûte ? ; un peu plus /moins	毛，衣，钱	☐
6 La pluie et le beau temps	14	la météo et les saisons	quand… ; donc	所，热，雨	☐
7 Enfin les vacances !	16	les vacances	probablement ; si…	想，如，果	☐
8 Partons en voyage	18	le tourisme	fois ; action passée	家，西，北，外	☐
9 Encore du ménage !	20	les tâches ménagères	toujours ; jamais ; demander de faire quelque chose	买，做，打	☐
10 À table !	22	les repas	comparatif d'égalité ; appréciation avec 得	菜，水，对	☐
11 Sorties en famille	24	le cinéma	ou bien ; qu'importe	孩，或，者	☐
12 Parents, mode d'emploi	26	les relations familiales	pas du tout	母，父，工，作	☐
13 Vive les enfants !	28	l'enfant unique	tellement ; seulement	爱，听，话	☐
14 Difficile d'étudier !	30	les études	lequel, laquelle ; n'importe quoi, tout	问，课，能	☐
15 Après le lycée…	50	l'université	bien que… mais ; la détermination avec 的	只，法，馆	☐
16 Le Nouvel An chinois	52	le Nouvel An	le résultatif	千，包，些，放	☐
17 Que fête-t-on ?	54	les autres fêtes	excepté ; de plus en plus	事，节，古，老	☐
18 C'est la Chine !	56	la géographie	le classificateur du pluriel ; l'un des	东，山，米，地	☐
19 Comment s'y rendre ?	58	les déplacements	vers ; premier, deuxième…	现，过，前	☐
20 Découvrir Hongkong	60	la grande ville	dès que ; à nouveau, encore	再，高，就	☐
21 Visiter Xi'an	62	les visites culturelles	la répétition	街，名，市	☐
22 Le grand test !	64	révisions			☐

Au centre du cahier : **les corrigés et les transcriptions détachables** p. 33-48
À la fin du cahier : **l'atelier d'écriture** p. 66-73
et le **lexique chinois-français** p. 74-79
+ des **pages culture** p. 32 et p. 49

Retrouvez les enregistrements des activités orales et du lexique sur le site
www.didier-nishuoya.com

1 一 Entre amis 和朋友一起

1 Activités entre amis

L'ordinateur de Xiǎowáng n'affiche pas correctement la page du forum qu'il consulte. Lisez les phrases et replacez les morceaux manquants aux bons endroits pour retrouver le sens de la discussion.

Lily 你最喜欢跟朋友做什么？
gēn

A. 
小白
□□□□□□。我们聊男朋友、学校、明星，等等。
liáo / xuéxiào
3月5日 09:48 回复 | 4 ○

B. 
123
□□□□□，打篮球，踢足球，还有玩电脑游戏。
lánqiú / tī zú / nǎo
3月5日 10:12 回复 | 8 ○

C. 
大大
□□□□□，去饭馆，去看电影，去买东西，去晚会。
guǎn / yǐng / mǎi dōngxi
3月5日 11:26 回复 | 2 ○

D. 
一一
打电话，□□□□□□□□，不方便一起出去。
dǎ huà / fāngbiàn / chū
3月5日 11:55 回复 | 6 ○

1. 和朋友出去
2. 跟朋友运动 (yùndòng)
3. 因为我朋友住很远 (zhù)
4. 跟朋友聊天

2 Trouver l'intrus

Vous ne connaissez pas tous ces mots, mais observez bien les caractères qui les composent pour trouver l'intrus sur chaque ligne.

A.	□ 游泳池	□ 游戏	□ 游泳衣	□ 旅游	□ 游行
B.	□ 来回	□ 来往	□ 后来	□ 来到	□ 来信
C.	□ 自然	□ 然后	□ 煞白	□ 虽然	□ 然而
D.	□ 聪明	□ 时候	□ 明星	□ 黎明	□ 明确

LEXIQUE

- 男/女朋友 nán/nǚpéngyou petit(e) ami(e)
- 明星 míngxīng star
- 游戏 yóuxì jeu
- 晚会 wǎnhuì soirée
- 聊天 liáotiān discuter
- 今天 jīntiān aujourd'hui
- 卡拉OK kǎlā ok karaoké
- 可是 kěshì mais
- 唱歌 chànggē chanter
- 先 xiān d'abord
- 然后 ránhòu ensuite
- 来 lái venir
- 喝 hē boire
- 等等 děngděng etc.

3 Qu'est-ce qu'on fait aujourd'hui ? 2

Lǐ Xīn et Wáng Yuè cherchent à éviter une journée d'ennui. Écoutez leur conversation et numérotez les photos selon le programme prévu. Attention, trois activités ne sont pas mentionnées dans la discussion.

A. ◯

B. ◯

C. ◯

D. ◯

E. ◯

F. ◯

GRAMMAIRE

先……，然后 *xiān…, ránhòu* indiquent l'ordre des actions. 先 introduit la première action, 然后 la deuxième.
Attention, 先 se place toujours après le sujet.

sujet	+ 先	+ 1re action	,	然后	+ 2e action
我	先	去买东西	,	然后	回家。

Je vais **d'abord** faire des courses, **puis** je rentre chez moi.

4 Un peu d'ordre !

Remettez les mots dans l'ordre afin de former une phrase correcte avec la ponctuation (plusieurs possibilités). Écrivez en caractères, ou en pinyin si nécessaire.

A. 看电视 (shì)　然后　先　我们　吃饭

B. 看电视　因为　她　她　想 (xiǎng)　不　出去 (chū)

C. 然后　去　先　回家 (huíjiā)　我　买东西 (mǎi dōngxi)

Composition des caractères

来	lái	来	来	来	来	来	来	来	来	来	来	来	来
朋	péng	朋	朋	朋	朋	朋	朋	朋	朋	朋	朋	朋	朋

友	yǒu	友	友	友	友

电	diàn	电	电	电	电	电

Entraînez-vous sur la grille d'écriture p. 66.

2 二 En voilà des amis ! 好朋友

1 Ma meilleure amie

Mǎ Lì et Zhāng Lín discutent de leur amie Wáng Huān. Écoutez leur conversation et numérotez les phrases dans l'ordre d'apparition.

GRAMMAIRE

不 *bù* …… + 了 *(le)* en fin de phrase marquent un changement et signifient « ne plus ».

sujet + 不 + verbe … + 了。

我 不 想 和她做朋友 了。

Je **n'**ai **plus** envie d'être son ami(e).

- ◯ A. 星期五我想跟她一起做作业。 (xiǎng gēn … qǐ zuò zuòyè)
- ◯ B. 大伟是她的男朋友。 (wěi … nán)
- ◯ C. 她很聪明也很有意思。 (cōng … yìsi)
- ◯ D. 她不告诉我她有男朋友，我太生气了！
- ◯ E. 我们吵架了。
- ◯ F. 她人很好。
- ◯ G. 我们一起玩儿。
- ◯ H. 她说谎。

GRAMMAIRE

告诉 *gàosu* signifie « dire à quelqu'un » et est toujours suivi d'un complément, parfois de deux :

sujet + 告诉 + quelqu'un + quelque chose

我 告诉 你 她有男朋友。 Je **te dis** qu'elle a un petit ami.

LEXIQUE

- 为什么？ wèishénme pourquoi ?
- 吵架 chǎojià se disputer
- 自私 zìsī égoïste
- 说谎 shuōhuǎng mentir
- 告诉 gàosu dire à
- 生气 shēngqì être fâché / en colère
- 以前 yǐqián auparavant, avant
- 常常 chángcháng souvent
- 帮助 bāngzhù aider
- 学习 xuéxí étudier, apprendre
- 有时 yǒushí parfois
- 难过 nánguò triste

2 Le bon caractère !

Complétez les phrases suivantes avec les mots appropriés.

朋友 跟 (gēn) 样 常常 说 要 (yào) 了 生 最 了

- A. 她不想☐我做朋友☐。
- B. 她☐☐跟朋友出去玩儿。
- C. 她不告诉我她有男☐☐。
- D. 我太☐气了。
- E. 她是我☐好的朋友。
- F. 她不☐谎。
- G. 你不☐生气☐。
- H. 你觉得 (juéde) 她怎么☐？

3 Comment ça se prononce ?

Reliez le pinyin aux caractères correspondants.

A. 以前 ●	● 1. chǎojià
B. 告诉 ●	● 2. bāngzhù
C. 帮助 ●	● 3. shuōhuǎng
D. 说谎 ●	● 4. gàosu
E. 吵架 ●	● 5. yǐqián

GRAMMAIRE

常常 *chángcháng* et 有时 *yǒushí* sont des adverbes de fréquence.
Ils se placent avant le verbe.

sujet+ 常常 + verbe
我 常常 看书。 Je lis souvent.

sujet+ 有时 + verbe
我 有时 看书。 Je lis parfois.

4 Test : Êtes-vous égoïste ?

Répondez aux questions en entourant la réponse choisie, puis comptez les étoiles.

你自私吗？

A. 星期五是你朋友的生日：

★ 你先去买礼物，然后去晚会。 ☽ 你不想去晚会，因为不想买礼物。
mǎi lǐwù rán wǎn xiǎng

B. 你学习很好：
xí

★ 你常常帮助同学做作业。 ☽ 你有时不想和同学一起做作业。
tóng

C. 你的朋友很难过：
nánguò

★ 你和他聊天。 ☽ 你不想帮助他。
liáo

D. 你有一个很棒的游戏：
bàng yóuxì

★ 和朋友一起玩儿。 ☽ 不告诉同学有这个游戏。

Vous avez 4 étoiles : bravo ! Égoïsme est un mot que vous ne connaissez pas !
Vous avez 3 étoiles : bien ! Vous êtes serviable.
Vous avez 2 étoiles : vous n'aimez pas trop aider les autres.
Vous n'avez pas d'étoile : seriez-vous un monstre d'égoïsme ?

Composition des caractères

说	shuō	说	说	说	说	说	说	说	说	说	说	说	说
常	cháng	常	常	常	常	常	常	常	常	常	常	常	常
生	shēng	生	生	生	生	生	生	生	生	生	生	生	生

Entraînez-vous sur la grille d'écriture p. 66.

3 三 Questions d'argent 零用钱

1 Privé d'argent de poche

LEXIQUE 5

多少？ duōshǎo combien ?
零用钱 língyòngqián argent de poche
钱 qián argent
块 kuài *unité monétaire chinoise*
只 zhǐ seulement
少 shǎo peu
汉堡包 hànbǎobāo hamburger
给 gěi donner
用 yòng utiliser
饮料 yǐnliào boisson
别的 biéde autre
狗 gǒu chien
衣服 yīfu vêtement

Lisez les messages échangés par Dàwěi et Wáng Yuè et soulignez la bonne réponse dans chaque phrase en français.

大伟，你这个月有多少零用钱？
wěi

不是"多少"，是"几块？"

为什么？

因为我常常跟妈妈说谎，她生气了，我只有五块零用钱！
shuōhuǎng qì

五块钱太少了！可以做什么？
kě

可以买半个汉堡包！
mǎi bàn
这个月不出去玩了。

A. Dàwěi ne *sort plus / continue à sortir.*

B. La mère de Dàwěi est fâchée parce qu'*il est égoïste / il ment souvent.*

C. Dàwěi utilise 几 parce qu'*il n'a pas beaucoup d'argent / il en a beaucoup.*

D. L'argent de poche de Dàwěi lui permet d'acheter *deux hamburgers / un demi-hamburger.*

GRAMMAIRE

多少？ *duōshǎo* est un mot interrogatif qui signifie « combien ? ». Il s'utilise, en général, pour une quantité supérieure à 10, contrairement à 几？ *jǐ* qui s'utilise pour une quantité inférieure à 10.

这儿有多少人？ Combien y a t-il de personnes ici ?
这儿有四十个人。 Il y a 40 personnes ici.

几 est toujours suivi d'un classificateur, alors que 多少 ne l'est pas obligatoirement.

2 Questions de quantité

Posez la question qui correspond à chaque phrase en utilisant 多少 ou 几 selon la quantité indiquée. Écrivez en caractères, ou en pinyin si nécessaire, sans oublier la ponctuation.

A. 房子有五个房间。
fáng

B. 学校有八十个老师。
xiào lǎoshī

C. 他有两个电脑。
nǎo

3 Micro-trottoir

Écoutez le micro-trottoir sur l'argent de poche et reliez chaque somme aux dépenses auxquelles elles sont attribuées.

1.

2.

3.

4.

5.

A. 80 块

B. 600 块

C. 150 块

GRAMMAIRE

Le verbe 给 *gěi*, « donner », peut devenir une préposition qui indique le destinataire de l'action :
sujet + 给 + destinataire + verbe + …
我 给 她 买 东西。
Je **lui** fais des courses. (Je fais des courses **pour elle**.)

4 Pour qui est-ce ?

Faites une phrase en utilisant 给 à partir des éléments donnés (plusieurs solutions).

A. 小王，五十块，爸爸
wáng bàba

B. 买鞋子，女朋友，我
mǎi xié

C. 爸爸，妈妈，做饭

Composition des caractères

用	yòng	用	用	用	用	用	用	用	用	用	用	用	用
少	shǎo	少	少	少	少	少	少	少	少	少	少	少	少
给	gěi	给	给	给	给	给	给	给	给	给	给	给	给

Entraînez-vous sur la grille d'écriture p. 66.

4 四 C'est la fête ! 开晚会

LEXIQUE 7

请 qǐng
inviter

当然 dāngrán
bien sûr

可乐 kělè
cola

水 shuǐ
eau

零食 língshí
snack

水果 shuǐguǒ
fruit

蛋糕 dàngāo
gâteau

会 huì
savoir (faire)

帽子 màozi
chapeau, bonnet

糖果 tángguǒ
bonbon

过生日
guò shēngrì
fêter un anniversaire

说 shuō
parler

高兴 gāoxìng
content

1 Préparatifs de fête 8

Écoutez le dialogue entre Yīlín et Dàwěi et choisissez le panier qui correspond à ce qu'ils veulent acheter pour l'anniversaire de Mǎ Lì.

A. ☐

B. ☐

C. ☐

GRAMMAIRE

还是 ***háishi*** **est un mot interrogatif qui signifie « ou bien ? »**

élément 1 + 还是 + élément 2

你买 电脑 还是 手机? Tu achètes un ordinateur **ou bien** un portable ?

2 Décodage

Dans les 4 expressions ci-dessous sont cachés quatre mots de la leçon. Replacez les lettres dans le bon ordre et changez les tons pour trouver ces quatre mots, puis écrivez-les en pinyin.

A. mìzǎo *(datte sucré)* → ....

B. gǎndào *(sentir)* → ....

C. hùguósì *(temple du Dieu protecteur)* → ....

D. réngshì *(être toujours)* → ....

3 Journal intime

Lisez ce que Mǎ Lì a écrit dans son journal intime à propos de la fête et numérotez les dessins en suivant l'ordre des événements.

A. ◯

B. ◯

C. ◯

D. ◯

E. ◯

F. ◯

这个生日太棒 (bàng) 了！今天上午朋友们都没有说："生日快乐 (kuàilè)"，也没有给 (gěi) 我礼 (lǐ) 物 (wù)。我很生气 (qì)！我不知道 (zhīdào) 有一个晚 (wǎn) 会。他们请了大明！他们怎么知道我喜欢他？我太高兴了！礼物也很有意思 (yìsi)，我不知道帽子里面 (lǐmiàn) 有很多糖果！谢谢 (xièxie) 你们！

GRAMMAIRE

了 *(le)* indique qu'une action est accomplie. Il se place juste après le verbe et avant le complément.

他买了一个手机。
Il **a acheté** un téléphone mobile.

La négation est 没 *méi* ou 没有 *yǒu*. Attention, 了 n'apparait pas dans la phrase négative.

他没有买手机。
Il **n'a pas acheté** de téléphone.

4 À la bonne place

Placez 了 au bon endroit dans les phrases suivantes pour indiquer que l'action est terminée, puis transformez-les en phrases négatives.

A. 我 ___ 看 ___ 一个中国电影 (yǐng) ___ 。

___

B. 他 ___ 星期四 ___ 买 (mǎi) ___ 三个东西 (dōngxi) ___ 。

___

Composition des caractères

会	huì	会	会	会	会	会	会	会	会	会	会	会	会
还	hái	还	还	还	还	还	还	还	还	还	还	还	还
可	kě	可	可	可	可	可	可	可	可	可	可	可	可

Entraînez-vous sur la grille d'écriture p. 67.

5 五 On s'habille 买衣服

LEXIQUE

一件衣服
yī jiàn yīfu
un vêtement

一件T恤
yī jiàn T-xù
un T-shirt

一件毛衣
yī jiàn máoyī
un pull

一件大衣
yī jiàn dàyī
un manteau

一条裤子
yī tiáo kùzi
un pantalon

一条裙子
yī tiáo qúnzi
une jupe, une robe

一双鞋
yī shuāng xié
une paire de chaussures

一点儿 yīdiǎnr
un peu

多少钱?
duōshǎoqián
combien ça coûte ?

百 bǎi
cent

便宜 piányi
bon marché

1 Valise perdue

La valise de Mǎ Kě a été égarée dans un aéroport et il établit la liste de son contenu pour la récupérer. Lisez-la et trouvez sa valise.

Liste : 四件T恤，三条裤子，两件毛衣：一件白色(sè)的，一件红色的，还有蓝(lán)色的帽(mào)子。

A. ☐

B. ☐

C. ☐

GRAMMAIRE

件 *jiàn* est le classificateur des vêtements du haut.
一件毛衣 un pull
条 *tiáo* est le classificateur des vêtements du bas.
一条裤子 un pantalon

2 Qu'est-ce que c'est ?

Observez les pièces de chaque puzzle et cochez la bonne réponse.

A. ☐ 这是一条裤子。
☐ 这是两条裤子。
☐ 这是一条裙子。

B. ☐ 这是一件衣服。
☐ 这是一双鞋。
☐ 这是一件T恤。

C. ☐ 这是一件毛衣。
☐ 这是一件大衣。
☐ 这是两件毛衣

3 Fête costumée 10

Mǎ Lì et Wáng Huān font des achats de costumes pour Halloween. Écoutez la conversation et trouvez les tenues qu'elles ont achetées. Écoutez encore une fois et notez-en le prix.

A. ☐ ....

B. ☐ ....

C. ☐ ....

D. ☐ ....

GRAMMAIRE

L'expression 多少钱？ *duōshaoqián* signifie « combien ça coûte ? » et s'utilise sans verbe.

这件毛衣多少钱？ Combien coûte ce pull ?

Il n'y a pas non plus de verbe dans la réponse.

这件毛衣九十块。 Ce pull coûte 90 yuans.

4 Un peu plus..., un peu moins...

Complétez chaque phrase selon le modèle : T恤太小，要大一点儿。

A. 大衣太贵（guì），要 ☐☐☐☐☐。

B. 裙子太长（cháng），要 ☐☐☐☐。

C. 饭太少，☐☐☐☐☐。

D. 作业太多（zuòyè），☐☐☐☐☐。

GRAMMAIRE

一点儿 placé après un verbe qualificatif signifie « un peu plus » ou « un peu moins » selon le sens du verbe.

大一点儿 un peu plus grand

便宜一点儿 un peu moins cher

Composition des caractères

毛	máo
衣	yī
钱	qián

Entraînez-vous sur la grille d'écriture p. 67.

6 六 La pluie et le beau temps 天气

1 Vive la pluie ! 12

Écoutez quatre voix s'exprimer sur la météo et attribuez l'une d'elle à chaque animal. Notez ensuite en français quel est le temps que chacun préfère et celui qu'il aime le moins.

A. ....
♥ ....
✗ ....

B. ....
♥ ....
✗ ....

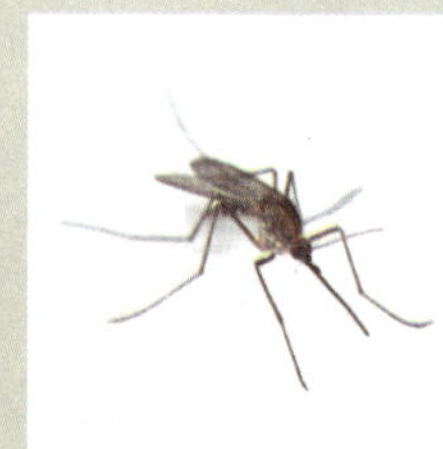

C. ....
♥ ....
✗ ....

D. ....
♥ ....
✗ ....

GRAMMAIRE

的时候 *de shíhou* se place en fin de proposition pour indiquer quand a lieu une action.

verbe + complément + 的时候，…

下　　雨　　的时候，我不出去。
Quand il pleut, je ne sors pas.

2 Un peu d'ordre !

Remettez les mots dans l'ordre afin de former une phrase correcte avec sa ponctuation. Écrivez en caractères, ou en pinyin si vous ne les connaissez pas.

A. 的时候　下雪　很冷　天气

B. 的时候　很热　天气　出去 (chū)　人们　常常

C. 的时候　喜欢　听音乐 (tīng yīnyuè)　我　做作业 (zuò zuòyè)

LEXIQUE 11

天气 tiānqì — temps, météo
下雨 xiàyǔ — pleuvoir
下雪 xiàxuě — neiger
太阳 tàiyáng — soleil
有风 yǒufēng — venteux
冷 lěng — froid
热 rè — chaud
花 huā — fleur
那里 nàlǐ — là-bas
春天 chūntiān — printemps
夏天 xiàtiān — été
秋天 qiūtiān — automne
冬天 dōngtiān — hiver
所以 suǒyǐ — ainsi

3 Le temps qu'il fait 13

Des touristes parlent de leur expérience de voyage en Chine. Écoutez et écrivez le nom du lieu qui correspond à chaque description.

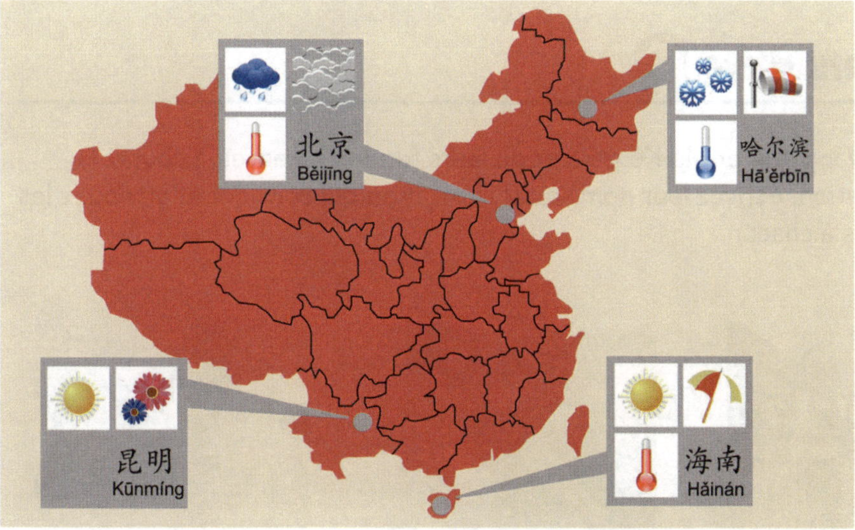

1. ....
2. ....
3. ....
4. ....

GRAMMAIRE

所以 *suǒyǐ* (donc) introduit la conséquence d'une action.
Celle-ci se place après la cause, qui peut être exprimée ou non par **因为** (parce que).
(因为)今天很热，**所以**我想去游泳。
(**Parce qu**)'il fait chaud aujourd'hui, j'ai **donc** envie d'aller nager.

4 Le bon choix

Reliez chaque début de phrase à la fin qui correspond.

A. 因为夏天天气最不好， ●	● 1. 所以我不想买。 (mǎi)
B. 因为这件毛衣很贵， (jiàn, guì) ●	● 2. 所以我奶奶穿很多衣服。 (nǎi, chuān, fú)
C. 因为星期五是我妈妈的生日， ●	● 3. 所以不要夏天去那里。
D. 因为今天下雪， ●	● 4. 所以我去买礼物。 (lǐwù)

Composition des caractères

Entraînez-vous sur la grille d'écriture p. 67.

7 七 Enfin les vacances ! 放假了

LEXIQUE 14

放假 fàngjià
être en vacances

假期 jiàqī
vacances

海边 hǎibiān
bord de mer

晒太阳
shài tàiyáng
prendre le soleil

晒黑 shàihēi
bronzer

山 shān
montagne

爬山 páshān
marcher en montagne

游泳衣
yóuyǒngyī
maillot de bain, tenue de bain

如果 rúguǒ
si

放松 fàngsōng
se détendre

滑雪 huáxuě
skier

1 Projets d'été 15

Lǐ Xīn, Wáng Yuè et Mǎ Kě parlent de leurs futures vacances. Écoutez la conversation, écrivez leur nom sous l'illustration qui convient et attribuez les répliques à chacun.

A. ....

B. ....

C. ....

1. Mon petit ami dit qu'aux États Unis, le bronzage, c'est joli. ....
2. Je vais rester chez moi pour dormir, grignoter et regarder la télévision. ....
3. Je vais porter une longue tenue de bain pour ne pas bronzer. ....
4. Ce n'est pas grave de grossir. ....
5. J'ai aussi envie d'aller à la montagne. ....

GRAMMAIRE

会 *huì* indique qu'une action va probablement se produire et se place avant le verbe sur lequel il porte.

明天会下雨。 Demain, il va **probablement** pleuvoir.

2 La bonne expression

Complétez les phrases en utilisant 会 et le mot représenté par un dessin. N'oubliez pas la ponctuation.

A. 买太多东西，(mǎi, dōngxi) 

B. 天气很热，我 

C. 每天都吃很少， 

D. 有很多云(nuage)，(yún) 

3 Et si on allait au Japon ? 16

Le Bureau du tourisme japonais voudrait attirer plus de touristes chinois. Regardez l'affiche, écoutez le message publicitaire et numérotez les photos des lieux dans le bon ordre.

Des Chinois parlent de leurs vacances au Japon sur un forum. Lisez leurs commentaires et écrivez la lettre de la photo correspondant à chaque avis.

1. 今年冬天不想在家了，所以去日本滑雪了。 ◯
   jīn dōng běn
2. 假期我在日本，花儿好看人也多，很热闹。 ◯
   huā nào
3. 今年夏天我去日本看海了。 ◯
   xià
4. 我去的时候天很冷，可是水很热，假期很放松。 ◯
   lěng shuǐ

日本

A. 日光 ....

C. 伊豆 ....

B. 京都 ....

D. 北海道 ....

GRAMMAIRE

如果 ***rúguǒ*** exprime l'hypothèse.

Il peut aussi s'utiliser avec 会.

如果下雨，我不出去。
S'il pleut, je ne sors pas.

如果你来，你会很喜欢。
Si tu viens, tu aimeras **probablement**.

4 La bonne paire

Associez chaque phrase à la traduction qui convient.

A. 如果常常晒太阳，会晒黑。 ●

B. 如果你有空，我们可以去看电影。 ●
kòng yǐng

C. 如果他来，跟他说我不在这儿。 ●
gēn

● 1. Si tu es libre, on peut aller au cinéma.

● 2. S'il vient, dis-lui que je ne suis pas ici.

● 3. Si tu t'exposes souvent au soleil, tu vas bronzer.

Composition des caractères

想	xiǎng	想	想	想	想	想	想	想	想	想	想	想	想
如	rú	如	如	如	如	如	如	如	如	如	如	如	如
果	guǒ	果	果	果	果	果	果	果	果	果	果	果	果

Entraînez-vous sur la grille d'écriture p. 68.

8 八 Partons en voyage 去旅游

1 Comment les Chinois voyagent-ils ? 18

Lisez l'article sur le tourisme chinois et observez les diagrammes. Écoutez l'interview d'un touriste, situez-le par une croix sur chaque graphique, puis récapitulez en français chacune de ses réponses.

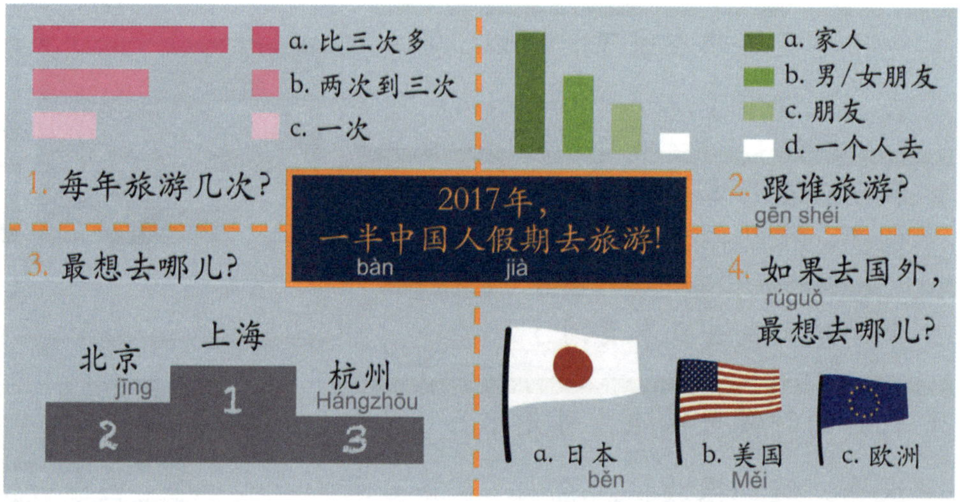

1. Il voyage .... fois par an.
2. Il voyage avec ....
....
3. En Chine, il préfère ....
....
4. À l'étranger, ...
....

GRAMMAIRE

次 *ci* se place après le verbe pour indiquer le nombre de fois que l'action est réalisée.

verbe	+ nombre +	次 +	complément
我想去	一	次	中国。

J'aimerais aller **une fois** en Chine.

2 Ajoutez !

Ajoutez le nombre indiqué et 次 dans chaque phrase.

A. 我吃了中国饭。 → 3

B. 他去了美国。 → 2

C. 我参观了博物馆。 → 4

LEXIQUE 17

旅游 lǚyóu
voyager

(一)次 (yī) cì
(une) fois

谁? shéi
qui ?

国外 guówài
étranger

欧洲 Ōuzhōu
Europe

博物馆
bówùguǎn
musée

意大利 Yìdàlì
Italie

风景 fēngjǐng
paysage

参观 cānguān
visiter

西部 xībù
(partie) ouest

南部 nánbù
(partie) sud

了解 liǎojiě
comprendre

文化 wénhuà
culture

3 Expériences de voyage 19

Lǐ Xīn et Dàmíng parlent de leurs voyages à l'étranger. Écoutez la conversation et reliez chaque jeune aux destinations citées en mettant une croix sur les endroits visités. Reliez ensuite les photos à la bonne carte.

A.

B.

1.
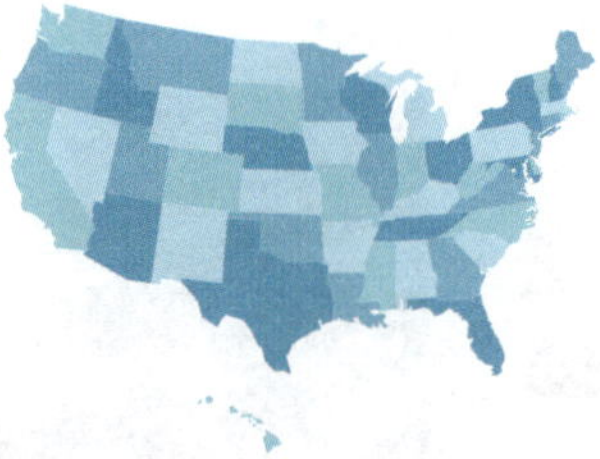

2.

3.

4.

5.

6.

GRAMMAIRE

过 *guò* se place après le verbe pour indiquer que l'action a déjà eu lieu (au moins une fois) dans le passé.

Sa négation est 没, et 过 reste présent dans la phrase négative.

verbe + 过
我 去 过 中国。
Je suis **déjà** allé(e) en Chine.

négation + verbe + 过
我 没 去 过。
Je n'y suis **jamais** allé(e).

4 Savoir dire non !

Répondez à chaque question par une phrase négative en utilisant soit 不 soit 没.

A. 你去过中国吗？

B. 她想不想看电影？ (影 yǐng)

C. 你明天(demain)上课吗？

D. 他吃过中国饭吗？

Composition des caractères

家	jiā	家	家	家	家	家	家	家	家	家	家	家	家
西	xī	西	西	西	西	西	西	西	西	西	西	西	西
北	běi	北	北	北	北	北	外	wài	外	外	外	外	外

Entraînez-vous sur la grille d'écriture p. 68.

9 九 Encore du ménage ! 家务

LEXIQUE 20

从来 cónglái
toujours

这样 zhèyang
comme ça

家务 jiāwù
tâche ménagère

洗碗 xǐwǎn
laver la vaisselle

打扫 dǎsǎo
essuyer

做饭 zuòfàn
cuisiner

对不起 duìbùqǐ
désolée

忙 máng
occupé

买菜 mǎicài
acheter à manger

让 ràng
laisser faire

擦 cā
essuyer

黑板
hēibǎn
tableau

外面 wàimian
dehors

舒服 shūfu
se sentir bien

1 J'ai autre chose à faire ! 21

Écoutez Xiǎoxīn et sa mère discuter des tâches ménagères. Écrivez en français sous chaque photo le jour où Xiǎoxīn aurait dû effectuer cette tâche et pourquoi il ne l'a pas faite.

A. ....
....

B. ....
....

C. ....
....

D. Écrivez en français la raison pour laquelle Xiǎoxīn est à nouveau indisponible pour le ménage aujourd'hui ?

....

GRAMMAIRE

L'adverbe 从来 *cónglái*, « toujours », indique que la situation ne change pas. Il se place avant le verbe.

从来是这样。 C'est **toujours** pareil.

Utilisé avec 不 ou 没, il signifie « jamais ».

他从来不在家。 Il **n'**est **jamais** à la maison.

她从来没去过中国。 Elle **n'**est **jamais** allée en Chine.

从来 s'utilise le plus souvent à la forme négative.

2 Une oreille affûtée 22

Écoutez et cochez les phrases entendues.

A. ☐ 我从来不买菜，因为不喜欢买东西。
dōng

B. ☐ 我从来都喜欢买菜，常常去买。

C. ☐ 有人说男人不应该做家务，所以哥哥从来不做家务。
nán yīnggāi gē

D. ☐ 有人说男人不应该做家务，可是我哥哥很喜欢做家务。

E. ☐ 爷爷做饭因为奶奶从来不会做饭。
yé nǎi

F. ☐ 爷爷从来不做饭，他说他不会。

3 Le ménage à l'école 23

Écoutez les discussions sur les tâches ménagères que doivent effectuer les élèves à l'école. Ils ont tous une bonne raison pour changer de tâche. Notez dans le tableau les changements, puis écrivez en français leurs raisons.

星期一	王 月 Wáng	张红月 Zhāng	张友友
星期二	马 克 Mǎ Kè	王 明 míng	李大为 Lǐ wéi

Leurs raisons :

Zhāng Yǒuyǒu : ....

....

Zhāng Hóngyuè : ....

....

Lǐ Dàwéi : ....

....

GRAMMAIRE

让 *ràng* signifie « demander de faire quelque chose ».
sujet + 让 + à quelqu'un + verbe...
妈妈 让 我 做家务。
Maman me **demande de** faire le ménage.

4 Fabrique de phrases

Faites une phrase avec les éléments donnés en utilisant 让 (plusieurs solutions possibles).

A. 我女朋友 我 洗碗。

B. 妈妈 我 学中文。 (wén)

C. 哥哥 弟弟 (dì) 擦桌子。

D. 奶奶 王月 打扫房间。

Composition des caractères

买	mǎi	买	买	买	买	买	买	买	买	买	买	买	买
做	zuò	做	做	做	做	做	做	做	做	做	做	做	做
打	dǎ	打	打	打	打	打	打	打	打	打	打	打	打

Entraînez-vous sur la grille d'écriture p. 68.

10 十 À table ! 吃饭了

LEXIQUE 24

菜 cài
plat

猪肉 zhūròu
porc

鱼 yú
poisson

蔬菜 shūcài
légume

难吃 nánchī
mauvais

批萨 pīsà
pizza

薯条 shǔtiáo
frite

(一块)巧克力
(yī kuài) qiǎokèlì
(un carré de) chocolat

饿 è
avoir faim

杯 bēi
verre

对身体不好
duì shēntǐ bùhǎo
être mauvais pour la santé

听 tīng
écouter

1 Pas à la cantine ! 25

Wáng Yuè et Dàwěi discutent de leur déjeuner. Écoutez la conversation et associez chaque commentaire à un ou deux aliment(s).

A. ....

B. ....

C. ....

D. ....

E. ....

F. ....

G. ....

1. C'est aussi mauvais l'un que l'autre.
2. Ça fait longtemps que je n'en ai pas mangé.
3. C'est aussi bon l'un que l'autre.
4. J'adore ça !
5. Beaucoup, beaucoup.
6. Je t'invite à en manger.

GRAMMAIRE

La structure 和……一样, *hé... yīyàng*, exprime une comparaison d'égalité et signifie « pareil que… », « autant que… ». La forme négative est 不一样.

élément 1 +	和 +	élément 2 +	一样/不一样	(+ verbe qualificatif)
你的毛衣	和	我的(毛衣)	一样。	Ton pull **et** le mien sont **pareils.**
巧克力	和	糖果	不一样	贵。

Les chocolats **et** les bonbons **ne sont pas au même** prix.

2 Comparez !

Les éléments figurant sur les dessins sont-ils semblables ? Faites une phrase pour chaque situation.

A. 儿子(fils)的衣服和 ☐☐☐☐☐☐☐。
ér fú

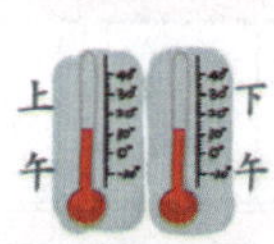

B. 上午 ☐☐☐☐☐ 热。
wǔ

C. ☐☐☐☐☐☐☐☐☐☐ 长。
cháng

3 Les malheurs de Wang Yue 26

Wáng Yuè n'a pas faim ce soir et sa mère veut savoir pourquoi. Écoutez la conversation, entourez les aliments et boissons que Wáng Yuè a consommés, puis notez la quantité pour chacun.

....

....

....
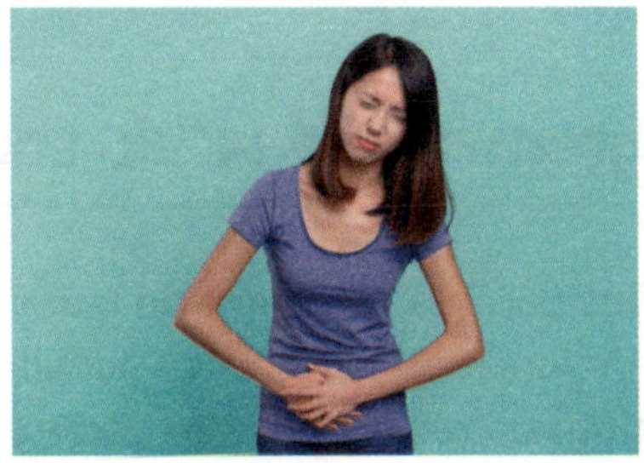

....

....

....

Écoutez à nouveau et notez les conseils donnés par sa mère en complétant les phrases suivantes. Écrivez en caractères, ou en pinyin si nécessaire.

你每天要在 ☐☐☐☐☐，每天吃 ☐☐☐☐

和 ☐☐☐☐，☐☐☐ 可乐（lè），要 ☐☐。

GRAMMAIRE

Un verbe + 得 (*de*) + un verbe qualificatif exprime une appréciation sur l'action.
我们玩 得 很高兴。 Nous nous amusons bien.
Le complément d'objet se place entre le sujet et le verbe.
sujet + C.O.D. + verbe + 得 + verbe qualificatif
她 可乐 喝 得 很多。 Elle boit beaucoup de cola.

4 En français, c'est comme ça !

Traduisez les phrases suivantes en français.

A. 他吃得（de）太多，运动（yùndòng）得太少，所以很胖（pàng）。

....

B. 他身体不好，因为他睡（shuì）得太晚（wǎn），吃得不好，电视（shì）看得太多。

....

Composition des caractères

菜	cài	菜	菜	菜	菜	菜	菜	菜	菜	菜	菜	菜	菜
水	shuǐ	水	水	水	水	水	水	水	水	水	水	水	水
对	duì	对	对	对	对	对	对	对	对	对	对	对	对

Entraînez-vous sur la grille d'écriture p. 69.

11 十一 Sorties en famille 全家出动

LEXIQUE 27

选 xuǎn
choisir

全家 quánjiā
toute la famille

孩子 háizi
enfant

或者 huòzhě
ou bien

动画片
dònghuà piān
dessin animé

爱情片
àiqíng piān
film romantique

历史片
lìshǐ piān
film historique

不管 bùguǎn
qu'importe

1 Programme de week-end 28

Des parents discutent de leur week-end en famille. Écoutez la conversation et cochez l'activité choisie, puis attribuez le numéro d'un motif de refus pour les autres activités.

A. ☐ ....

B. ☐ ....

C. ☐ ....

D. ☐ ....

E. ☐ ....

1. 太贵 guì
2. 对身体不好 shēntǐ
3. 讨厌 tǎoyàn
4. 太累 lèi

GRAMMAIRE

或者 *huòzhě* signifie « ou bien » et est utilisé dans les phrases affirmatives, contrairement à 还是, qui sert à poser une question.

我们去买东西或者去看电影。 Nous irons faire des courses **ou bien** voir un film.

我们去买东西还是看电影？ Irons-nous faire des courses **ou bien** voir un film ?

2 Le bon choix !

Complétez les phrases suivantes avec 或者 ou 还是 en faisant bien attention à la ponctuation donnée en fin de phrase.

A. 我们去看电影 (yǐng) ☐☐ 去买东西 (dōngxi)？

B. 我想吃批萨 (pīsà) ☐☐ 汉堡包 (hànbǎobāo)。

C. 你们星期六 ☐☐ 星期天去看他？

D. 我觉得 (juéde) 你去 ☐☐ 她去都一样。

3 Des avis partagés 29

La famille discute du choix du film. Écoutez et indiquez le(s) film(s) que souhaite voir chaque personne. Notez ensuite en français le choix final et donnez-en la raison.

père : .... mère : .... fille : .... fils : ....

1. 

2. 

3. 

4. 

Choix final : ....

GRAMMAIRE

不管 ***bùguăn*** signifie « qu'importe » et est souvent suivi d'un mot ou d'une structure interrogatifs.
La deuxième partie de la phrase comporte en général 都.

不管你来不来，我都去看电影。 **Qu'importe** que tu viennes ou non, je vais au cinéma.
不管你什么时候来，都可以。 **Peu importe** à quel moment tu viendras, ça ira.

4 Une oreille affûtée ! 29

Réécoutez la conversation de l'activité 3 et notez en caractères (ou en pinyin si nécessaire) toutes les phrases comportant 不管, puis traduisez-les en français.

A. 不管我 □□□□□□□□□□ !

....

B. 为什么 □□□□□□□□□□□□□□ !

....

C. 可是 □□□□□□□□□□□□□□ !

....

Composition des caractères

孩	hái	孩	孩	孩	孩	孩	孩	孩	孩	孩	孩	孩	孩
或	huǒ	或	或	或	或	或	或	或	或	或	或	或	或
者	zhě	者	者	者	者	者	者	者	者	者	者	者	者

Entraînez-vous sur la grille d'écriture p. 69.

12 十二 Parents, mode d'emploi 父母

LEXIQUE 30

安全 ānquán
en sécurité, sûr

应该 yīnggāi
devoir

生活 shēnghuó
vie

自己 zìjǐ
soi-même

事情 shìqing
affaire

家人 jiārén
membres de la famille

父母 fùmǔ
parents

工作 gōngzuò
travail

理解 lǐjiě
comprendre (quelqu'un)

关系 guānxi
relation

1 Sorties nocturnes 31

Écoutez le micro-trottoir sur les sorties des jeunes en soirée et écrivez le numéro de la personne interrogée sous le dessin qui correspond d'après le motif qu'elle donne.

A. ◯

B. ◯

C. ◯

D. ◯

E. ◯

2 Mots cachés

Entourez dans la grille quinze mots tirés de cette séquence ou déjà connus. Tous comportent deux caractères et sont sur les lignes horizontales.

1	还	是	难	术	华	占	吃	饭	第	答
2	命	或	者	咋	关	系	新	国	外	旧
3	蓝	百	签	生	活	洪	德	灰	下	雨
4	父	母	黑	水	果	皇	孩	孩	子	英
5	着	跑	报	宝	家	人	上	好	工	作
6	毛	衣	骑	事	情	茶	所	以	边	天

3 Êtes-vous proche de vos parents ?

Entourez la réponse qui vous convient, puis comptez vos points pour connaître le résultat du test.

我和父母

A. 父母过生日的时候，你给他们买礼物吗？
guò hòu lǐwù
✸ 买　◆ 有时买　○ 从来不买

B. 你知不知道他们的身体怎么样？
zhīdào shēntǐ
✸ 我知道　◆ 不太知道　○ 不知道

C. 你知不知道父母做什么工作？
✸ 知道　◆ 不太知道　○ 一点儿都不知道

D. 父母喜欢吃什么东西，你知道吗？
✸ 知道　◆ 知道一点儿　○ 一点儿都不知道

E. 你觉得和他们关系近吗？
✸ 很近　◆ 不近不远　○ 一点儿也不近
yuǎn

F. 你常常和他们聊天吗？
liáo
✸ 常常　◆ 有时聊天　○ 从来不聊天

G. 你觉得你理解他们吗？
✸ 理解　◆ 有时理解有时不理解　○ 一点儿都不理解

✸ = 2 points
◆ = 1 point
○ = 0 point

Votre score : ....

10-14 points : 你跟父母关系很近。
gēn
5-9 points : 你跟父母的关系还可以近一点儿。
0-4 points : 你应该跟父母聊聊天了。
liáo

GRAMMAIRE

一点(儿)都不 *yīdiǎn(r) dōu bù* signifie « pas du tout ». L'expression se place avant le verbe ou le qualificatif auquel elle se rapporte.

	一点(儿)都不 +	verbe	
我	一点都不	知道。	Je n'en sais **rien du tout**.
他的毛衣	一点都不	好看。	Son pull n'est **pas** beau **du tout**.

Composition des caractères

母	mǔ	母	母	母	母	母	母	母	母	母	母	母	母
父	fù	父	父	父	父	父			工	gōng	工	工	工	工
作	zuò	作	作	作	作	作	作	作	作	作	作	作	作

Entraînez-vous sur la grille d'écriture p. 69.

13 十三 Vive les enfants !

"独生"年代结束

1 Être enfant unique, c'est bien ? 33

Écoutez l'interview de deux adolescents chinois et attribuez chaque énoncé à l'un d'eux.

1. L'enfant unique est heureux.
2. Je voudrais un grand frère.
3. Je voudrais une petite sœur.
4. Je pourrais lui parler.
5. L'enfant unique s'ennuie.
6. Je pourrais m'occuper d'elle.
7. Les adultes gâtent trop l'enfant unique, ce n'est pas une bonne chose.
8. L'enfant unique peut jouer avec ses camarades de classe.

A. ....

B. ....

LEXIQUE 32

独生子女 dúshēng zǐnǚ
enfant unique

照顾 zhàogu
s'occuper de (quelqu'un)

幸福 xìngfú
heureux

宠爱 chǒng'ài
gâter

孤独 gūdú
solitaire

这么 zhème
tellement

话 huà
parole

听话 tīnghuà
obéissant

苦 kǔ
pénible

GRAMMAIRE

这么 *zhème* signifie « tellement » :

	这么	+ qualificatif
每天都有	这么	多作业。Il y a **tellement** de devoirs chaque jour.
外面	这么	冷。Il fait **tellement froid** dehors.

2 Des mots en trop !

Barrez le mot ou les mots en trop dans les phrases ci-dessous (plusieurs possibilités dans certaines phrases).

A. 她觉得很太孤独。(juéde)

B. 这个孩子不没有弟弟。(dìdi)

C. 他的工作苦不苦吗？

D. 我的女朋友这么一点儿漂亮。(piàoliang)

E. 每天都没有这么多作业。(yè)

F. 他每天都喜欢去在办公室工作。(bàngōngshì)

3 Qui dit la vérité ?

La politique de l'enfant unique, 独生子女政策, a été supprimée en 2017. Lisez les interventions sur un blog dédié au sujet, puis cochez les photos qui correspondent aux situations évoquées.

1. ☐

3. ☐

2. ☐

4. ☐

现在没有独生子女政策(zhèngcè)了，你们都有几个孩(hái)子？觉得(juéde)几个孩子最好？

A. 我只有一个孩子，他很孤独。

B. 我觉得有一个女儿最好，女儿听话。

C. 我有一个儿子一个女儿，一子一女就(jiù)是"好"。哥(gē)哥照顾(zhàogu)妹(mèi)妹。

D. 我有两个孩子。以前(qián)很想有两个，现在觉得太苦了！

GRAMMAIRE

只 *zhǐ* signifie « seulement » et se place avant le verbe, comme tous les adverbes en chinois.

他只喜欢玩电脑。 Il aime **seulement** jouer à l'ordinateur. (Il **n'**aime **que**…)

4 Un peu de logique

Choisissez une proposition pour compléter chaque phrase. Écrivez en caractères, ou en pinyin si nécessaire.

1. 我一点儿都不知道(zhīdào)。

2. 所以不跟(gēn)你看电影(yǐng)。

3. 所以他觉得很孤独。

A. 我不喜欢看爱情片(qíng piān)， ☐☐☐☐☐☐☐☐☐

B. 我爸爸(bàba)做什么工作， ☐☐☐☐☐☐☐☐☐

C. 他是独生子女， ☐☐☐☐☐☐☐☐☐

Composition des caractères

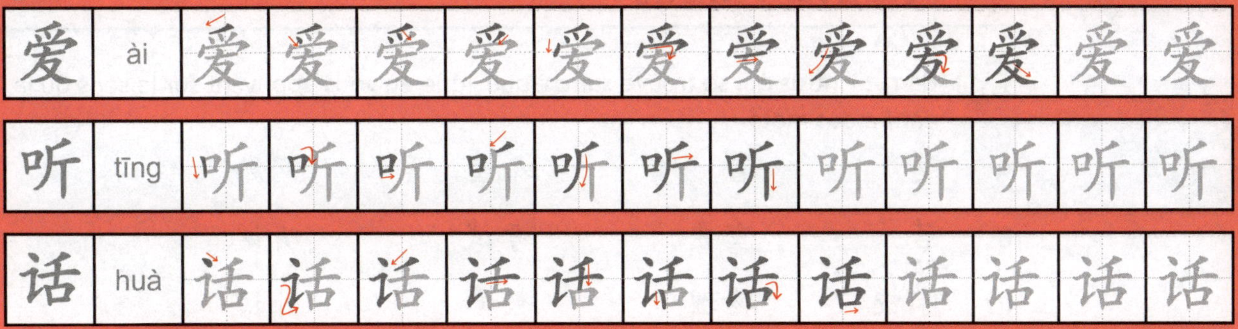

Entraînez-vous sur la grille d'écriture p. 70.

14 十四 Difficile d'étudier ! 学生难做

LEXIQUE 34

一门课 yī mén kè
une matière scolaire

物理 wùlǐ
physique

外语 wàiyǔ
langue étrangère

写 xiě
écrire

骂 mà
gronder

问题 wèntí
problème

考试 kǎoshì
examen, contrôle

管 guǎn
se mêler de, s'occuper de

烦死了 fán sǐ le
énervant

重要 zhòngyào
important

希望 xīwàng
espérer

能 néng
pouvoir

1 Qu'en disent les jeunes ?

Observez les résultats d'une enquête sur les études en Chine et dites si les affirmations suivantes sont vraies (对 duì) ou fausses (不对).

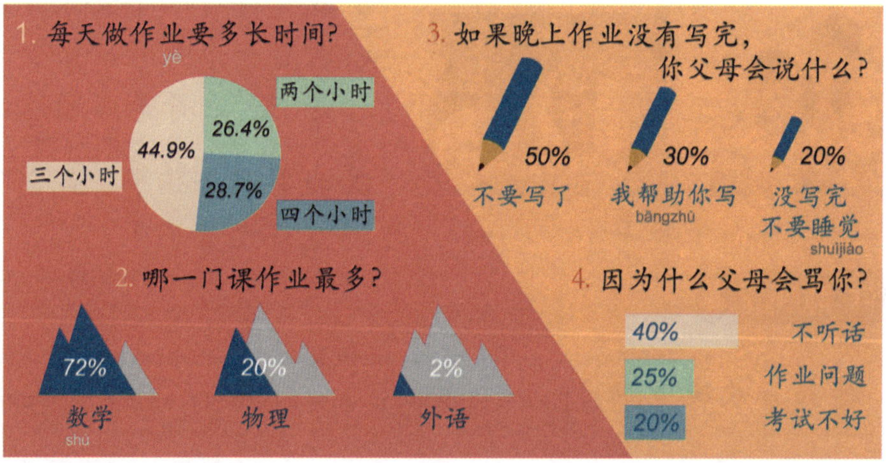

A. La plupart des élèves chinois passent 3 heures par jour à faire leurs devoirs.		
B. Les enfants se font le plus souvent gronder à cause des devoirs.		
C. Les élèves passent beaucoup de temps à faire les devoirs de langue étrangère.		
D. S'ils n'arrivent pas à finir leurs devoirs, la majorité des parents leur disent d'arrêter.		

GRAMMAIRE

哪? *nǎ* est un mot interrogatif qui signifie « lequel, laquelle ? » et indique un choix entre plusieurs possibilités. Il est suivi d'un classificateur et parfois de 一.
哪(一)门课作业最多? Dans **laquelle** des matières a-t-il le plus de devoirs ?

2 Trouver l'intrus

Barrez l'intrus qui se trouve sur chaque ligne en vous appuyant sur le sens ou la nature des mots.

A.	骂	管	希望	问题
B.	苦 kǔ	重要	考试	听话
C.	学校 xiào	物理	数学 shù	外语
D.	两天	三个月	星期五	两个小时

3 Les parents sur le dos ! 35

Trois élèves discutent de l'attitude de leurs parents envers les études et évoquent ce qui serait l'attitude idéale. Écoutez les interviews et reliez chaque élève à deux bulles.

1. 我觉得很孤独。
juéde gūdú

2. 他们什么都管，烦死了！

3. 我不能出去玩。
chū

A. 小月 ……………

B. 明明 ……………

C. 小天 ……………

4. 他们可以管买衣服做饭。
fú

5. 希望他们管我的学习。

6. 如果他们不管我，我也能学得很好。
de

GRAMMAIRE

什么都 *shénme dōu* signifie « n'importe quoi, tout » et est suivi d'un verbe.
她什么都想吃。 Il a envie de **tout** manger / manger **n'importe quoi**.

La forme négative est 什么都不, qui signifie « rien ».
她什么都不要管。 Elle ne veut s'occuper de **rien**.

Le nom se place après 什么 et avant le verbe. L'expression signifie alors « n'importe quel » :
什么 + nom + 都 + verbe
我 什么 书 都 想看。 J'ai envie de lire **n'importe quel livre**.

4 Des phrases à transformer

Introduisez 什么都 ou 什么都不dans les phrases suivantes selon qu'il s'agit d'une forme affirmative ou négative.

A. 我想看电影。(forme affirmative)
yǐng

B. 我喜欢听音乐。(forme affirmative)
yīnyuè

C. 他要做作业。(forme négative)
yè

Composition des caractères

问	wèn	问	问	问	问	问	问	问	问	问	问	问	问
课	kè	课	课	课	课	课	课	课	课	课	课	课	课
能	néng	能	能	能	能	能	能	能	能	能	能	能	能

Entraînez-vous sur la grille d'écriture p. 70.

L'origine des caractères

L'origine des caractères chinois remonte au XIVe siècle avant J.-C.

Durant les premiers temps, les anciens perçaient **des omoplates d'animaux ou des carapaces de tortues** puis les présentaient au feu. Le devin interprétait les craquelures produites par la chaleur pour décider de certains événements importants, comme le moment favorable pour une bataille, ou encore pour connaître la position des dieux sur la nomination d'un nouveau roi. Il reproduisait ensuite le résultat de sa divination sur une carapace ou des os, ce qui a donné naissance à la première forme d'écriture.

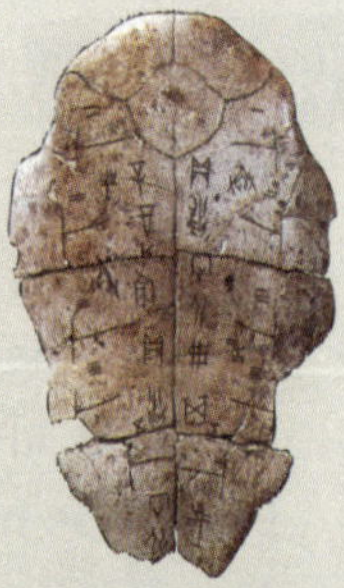

Par la suite, les inscriptions ont été tracées sur **le bronze des vases rituels**. Avec le temps, les graphies se sont multipliées jusqu'à ce que **le premier empereur de Chine, Qin Shihuang** (qui fonda l'empire chinois à partir de sept royaumes), fasse établir une liste d'environ 3 000 caractères de forme fixe au IIIe siècle avant J.-C.

Au cours des siècles, le nombre de caractères a beaucoup augmenté. Leur forme a aussi connu **une évolution importante** vers une plus grande simplification. La dernière a été imposée par Mao Zedong en 1956 pour permettre un accès plus aisé à l'éducation. Les anciens caractères sont toutefois encore utilisés à Taiwan et à Hongkong.

On compte aujourd'hui plus de 60 000 caractères, mais personne ne les connait tous car certains ne sont plus utilisés ou appartiennent à des domaines très spécialisés. On dit qu'il faut savoir déchiffrer **3 000 ou 4 000 caractères pour lire un journal.**

Dans les corrigés, le pinyin des mots non appris se trouve à côté des caractères et non en-dessous. Une traduction est donnée pour aider à la compréhension des activités.

1 Entre amis .... p. 4-5

1 A.-4. ; B.-2. ; C.-1. ; D.-3.

Traduction du document : Qu'est-ce que vous préférez faire avec vos amis ?
A.-4. Discuter avec les amis. On parle des petits copains, de l'école, des stars, etc.
B.-2. Faire du sport avec les amis, jouer au basket, au foot et aussi jouer à l'ordinateur.
C.-1. Sortir avec les amis, aller au restaurant, au cinéma, faire des achats et aller à des soirées.
D.-3. Téléphoner, car mes amis habitent loin, ce n'est pas pratique pour sortir ensemble.

2 A. 旅游 (游 n'est pas en 1ère position)
B. 后来 (来 n'est pas en 1ère position)
C. 煞白 (ne contient pas 然) D. 时候 (ne contient pas 明)

3 A. ③ ; C. ① ; E. ② ; B., D., F. ne sont pas mentionnés.

4 A. 我们先xiān吃饭，然rán后看电视shì。/我们先看电视，然后吃饭。
B. 她看电视shì因为她不想xiǎng出chū去。/她不出去因为她想看电视。
C. 我先xiān去买mǎi东西dōngxi，然rán后回家huíjiā。/我先回家，然后去买东西。

Traduction : A. On mange d'abord, puis on regarde la télévision. / On regarde la TV d'abord, puis on mange.
B. Elle regarde la TV car elle n'a pas envie de sortir. / Elle ne sort pas car elle a envie de regarder la TV.
C. Je vais d'abord faire des courses, puis je rentre à la maison. / Je rentre à la maison d'abord, puis je vais faire des courses.

Scripts

Piste 2

– 喂wèi，李Lǐ辛Xīn，我是王月，你今jīn天做zuò什么？你有空kòng吗？
– 有空啊，我不知道zhīdào做什么。
– 我们去卡拉kǎlā OK，好不好？
– 好，可kě是两liǎng个人唱歌chànggē没意思yìsi。我们跟gēn大伟wěi一起qǐ去吧ba，他今天也有空。
– 嗯ēn。那nà我们什么时候hou去？
– 现xiàn在十二点了，我们先xiān去吃饭，然rán后去卡拉OK。
– 好，可是下午wǔ都唱歌没意思，还hái可kě以做什么？
– 你知道，我有一个美Měi国男朋友。今天他家有晚会wǎnhuì，你来吗？
– 那在晚会上，他们做什么？
– 跳舞tiàowǔ，吃东西dōngxi，喝hē东西，聊天儿liáotiānr，等等děngděng。
– 嗯，不错cuò。我来。那我们先吃午饭，然后去卡拉OK。唱完wán歌以后，我们去你男nán朋友的晚会。

Traduction :
– Allô, Li Xin, c'est Wang Yue, qu'est-ce que tu fais aujourd'hui ? Tu es libre ?
– Oui, je ne sais pas quoi faire.
– On va au karaoké, d'accord ?
– D'accord, mais chanter à deux est ennuyeux. Allons-y avec Dawei, il est aussi libre aujourd'hui.
– OK, on y va à quelle heure ?
– Il est midi, on va d'abord manger puis on va au karaoké.
– Bien, mais chanter tout l'après-midi n'a pas d'intérêt, qu'est-ce qu'on peut faire d'autre ?
– Tu sais que j'ai un petit ami américain. Il fait une soirée chez lui aujourd'hui, tu veux venir ?
– Et qu'est-ce qu'ils font à la soirée ?
– Ils dansent, mangent et boivent quelque chose, discutent, etc.
– C'est pas mal, je viens. Donc, on va d'abord déjeuner, puis on va au karaoké. Et quand on a fini de chanter, on va à la soirée de ton petit ami.

2 En voilà des amis ! .... p. 6-7

1 A. ② ; B. ④ ; C. ⑦ ; D. ⑤ ; E. ① ; F. ⑧ ; G. ⑥ ; H. ③

2 A. 跟gēn ; 了 B. 常常 C. 朋友 D. 生 E. 最 F. 说 G. 要 ; 了 H. 样

Traduction: A. Elle ne veut plus être mon amie.
B. Elle sort souvent s'amuser avec ses amis.
C. Elle ne m'a pas dit qu'elle avait un petit ami.
D. Je suis vraiment en colère. E. C'est ma meilleure amie. F. Elle ne ment pas. G. Ne sois plus fâché(e).
H. Comment la trouves-tu ?

3 A.-5. ; B.-4. ; C.-2. ; D.-3. ; E.-1.

4 *Pas de corrigé. Traduction du test :*
A. Vendredi, c'est l'anniversaire de ton ami(e) :
– Tu achètes un cadeau puis tu vas à la soirée.
– Tu n'as pas envie d'aller à la soirée car tu ne veux pas acheter de cadeau.
B. Tu es fort(e) à l'école :
– Tu aides souvent tes camarades à faire leurs devoirs.
– Parfois, tu n'as pas envie de faire les devoirs avec tes camarades.
C. Ton ami(e) est triste :
– Tu parles avec lui/elle. – Tu n'as pas envie de l'aider.
D. Tu as un super jeu :
– Tu joues avec tes ami(e)s / ton ami(e). – Tu ne dis pas à ton / tes camarade(s) que tu possèdes ce jeu.

Scripts

Piste 4

– 马Mǎ丽Lì：我不想xiǎng和王欢huān做zuò朋友了。
– 张Zhāng林Lín：为什么？
– 因为我们吵架chǎojià了。
– 吵架？为什么？
– 她很自私zìsī，不喜欢她了。星期五我想xiǎng跟gēn她一起qǐ做zuò英语yīngyǔ作业zuòyè，她说不可kě以！
– 啊à，星期五她有活动huódòng，她没空kòng。
– 哼hēng，她说谎shuōhuǎng。星期五她跟大伟wěi一起做作业。
– 啊，哈hā哈哈。大伟是她的男nán朋友。
– 哦ó？我们是最好的朋友，她不告诉gàosù我她有男朋友。哦ò，我太生气qì了！
– 她不告诉你，因为你不喜欢大伟。她不自私。以前qián，她常常帮助bāngzhù我们。我们一起玩儿。她聪cōng明，也很有意思yìsi。她也是我的好朋友。你不要生气了。
– 嗯ēn，是啊，她人很好。

Traduction :
– Je ne veux plus être amie avec Wang Huan.
– Pourquoi ?
– Parce qu'on s'est disputées.
– Disputées ? Pourquoi ?
– Elle est égoïste, je ne l'aime plus. Vendredi, je pensais faire mes devoirs d'anglais avec elle et elle m'a dit qu'elle ne pouvait pas !
– Ah, vendredi elle avait des activités, elle n'était pas libre.
– Hum, elle a menti, elle a fait ses devoirs avec Dawei vendredi.
– Ah, ha ha ha ! Dawei est son petit ami.
– Quoi ? On est les meilleures amies et elle ne m'a pas dit qu'elle avait un petit copain ! Je suis vraiment en colère !
– Elle ne te l'a pas dit car tu n'aimes pas Dawei. Elle n'est pas égoïste. Avant, elle nous aidait souvent. On s'amusait ensemble. Elle est intelligente et intéressante, c'est aussi mon amie. Ne sois plus fâchée.
– Hum, c'est vrai, elle est gentille.

3 Questions d'argent .... p. 8-9

1 A. ne sort plus B. il ment souvent C. il n'a pas beaucoup d'argent D. un demi-hamburger.

Traduction :
– Dawei, combien as-tu d'argent de poche ce mois-ci ?
– C'est tellement peu qu'on ne peut pas dire « combien ».
– Pourquoi ?
– Parce que je mens souvent à ma mère, elle est fâchée et je n'ai eu que 5 yuans d'argent de poche.
– 5 yuans, c'est vraiment trop peu ! Que peux-tu faire avec ça ?
– Je peux m'acheter un demi-hamburger ! Ce mois-ci, je ne sors plus m'amuser.

2 A. 房fáng子有几个房fáng间？(< 10 pièces) B. 学校xiào有多少(个)老师lǎoshī？(> 10 professeurs) C. 他有几个电脑nǎo？(< 10 ordinateurs)

Traduction : A. La maison compte 5 pièces. Combien de pièces compte la maison ? B. L'école compte 80 professeurs. Combien de professeurs compte l'école ? C. Il a deux ordinateurs. Combien a-t- il d'ordinateurs ?

3 A. 2. ; B. 3.-4. ; C. 1.-2.-5.

4 A. 爸爸bàba给小王五十块kuài。/ 小王给爸爸五十块。 B. 女朋友给我买mǎi鞋xié子。/ 我给女朋友买鞋子。 C. 爸爸bàba给妈妈做zuò饭。/ 妈妈给爸爸做饭。

Traduction : A. Papa donne 50 yuans à Xiao Wang. / Xiao Wang donne 50 yuans à papa. B. Ma petite amie m'achète des chaussures. / J'achète des chaussures à ma petite amie. C. Papa fait à manger pour maman. / Maman fait à manger pour papa.

Scripts

piste 6

– 爸bà妈每个月给gěi你多少零用钱língyòng qián？
– 呃è，一百五十块kuài。
– 你怎么用零用钱？
– 有时买mǎi书，有时买饮料yǐnglào，有时出去玩儿。
– 爸妈每个月给你多少零用钱？
– 八十块。
– 你怎么用？
– 我只zhǐ买书，因为我喜欢学习xí。爸妈给我买别bié的东西。
– 爸妈每个月给你多少零用钱？
– 六百块。
– 你怎么用？
– 我只买衣服yīfu，也给我的狗gǒu买东西dōngxi。

Traduction :
– Combien d'argent de poche te donnent tes parents chaque mois ?
– Euh, 150 yuans.
– Comment les utilises-tu ?
– J'achète parfois des livres, parfois des boissons, parfois je sors m'amuser.
– Combien d'argent de poche te donnent tes parents chaque mois ?
– 80 yuans.
– Comment les utilises-tu ?
– Je n'achète que des livres, car j'aime étudier. Et mes parents m'achètent le reste.
– Combien d'argent te donnent tes parents chaque mois ?
– 600 yuans
– Comment les utilises-tu ?
– Je n'achète que des vêtements et des affaires pour mon chien.

4 C'est la fête ! .... p. 10-11

1 panier **C.**

2 **A.** màozi (bonnet) **B.** dàngāo (gâteau) **C.** shuǐguǒ (fruit) **D.** shēngrì (anniversaire).

3 **A.** 1 ; **B.** 5 ; **C.** 2 ; **D.** 6 ; **E.** 4 ; **F.** 3

Traduction du journal : Cet anniversaire a été vraiment génial ! Ce matin, aucun de mes amis ne m'a souhaité un joyeux anniversaire, et ils ne m'ont pas offert de cadeau. J'étais très en colère ! Je ne savais pas qu'il y aurait une fête. Ils ont invité Daming ! Comment ont-ils pu savoir que je l'aime bien ? J'étais trop contente ! Le cadeau était très amusant, je ne savais pas qu'il y avait plein de bonbons à l'intérieur du bonnet ! Merci à tous !

4 **A.** 我看了一个中国电影。/ 我没(有)看一个中国电影yǐng。 **B.** 他星期四买了三个东西。/ 他星期四没(有)买mǎi三个东西dōngxi。

Traduction : **A.** J'ai vu un film chinois / Je n'ai pas vu de film chinois. **B.** Il a acheté 3 articles jeudi. / Il n'a pas acheté 3 articles jeudi.

Scripts

piste 8

– 大伟wěi：星期六是马Mǎ丽Lì的生日，我们请qǐng她去饭馆guǎn还是在家吃饭？
– 一林Lín：不去饭馆。我们的零líng用钱qián不多。在我家开晚wǎn会，我们家房fáng子很大。
– 晚会我们做zuò什么？唱chàng卡拉kǎlāOK还是跳舞tiàowǔ？
– 晚会我们吃东西，当然dāngrán也要唱歌gē和跳舞。
– 好，我们要买mǎi什么东西dōngxi？
– 要买饮料yǐnliào。
– 买可乐lè还是水shuǐ？
– 当然买可乐！
– 买零食língshí还是水果guǒ？
– 当然要零食。
– 还有生日蛋糕dàngāo！我们去买蛋糕，还是做蛋糕？我会做蛋糕。
– 嗯ēn，你的蛋糕太难nán看。我们买蛋糕。
– 还要给她买礼物lǐwù。买帽mào子还是买电脑nǎo？
– 电脑？你的零用钱太多了吗？当然买帽子！
– 嗯，可以给她买一个帽子和很多糖果táng guǒ。不太贵guì。唉èi，你不要告诉gàosu马丽，我们给她过guò生日。她还不知道zhīdào。

Traduction :
– Samedi, c'est l'anniversaire de Ma Li, on l'invite au restaurant ou on mange à la maison ?
– Pas au restaurant, on n'a pas beaucoup d'argent de poche. Faisons une fête chez moi, ma maison est grande.
– Qu'est-ce qu'on fera pendant la fête ? Un karaoke ou on dansera ?
– On mangera et évidemment, on chantera et on dansera aussi.
– OK, qu'est-ce qu'on achète ?
– Il faut acheter des boissons.
– Du cola ou de l'eau ?
– Du cola bien sûr !
– On achète des snacks ou bien des fruits ?
– Des snacks bien sûr.
– Et il faut un gâteau d'anniversaire ! On en achète un ou bien on le fait ? Je sais faire les gâteaux.
– Hum, tes gâteaux ne sont vraiment pas beaux. On en achète un.
– Et il faut aussi lui acheter un cadeau. On lui achète un bonnet ou bien un ordinateur ?
– Un ordinateur ? Tu as trop d'argent de poche ? On achète un bonnet bien sûr !
– Hum, On peut lui acheter un bonnet et beaucoup de bonbons ; ce n'est pas cher. Eh, tu ne dis rien à Ma Li, elle ne sait pas encore qu'on va lui fêter son anniversaire.

5 On s'habille .... p. 12-13

1 Valise **C.**

Traduction de la liste : 4 T-shirts, 3 pantalons, deux pulls, un blanc et un rouge, et un bonnet bleu.

2 **A.** 这是一条tiáo裙qún子。 **B.** 这是一双shuāng鞋xié。 **C.** 这是两liǎng件jiàn毛衣。

Traduction : **A.** C'est une jupe. **B.** C'est une paire de chaussures. **C.** Ce sont deux pulls.

3 Elles ont acheté le déguisement **A.** à 80 yuans, et le déguisement **C.** à 135 yuans.

4 **A.** 便宜piányi一点儿 **B.** 短duǎn一点儿 **C.** 要多一点儿 **D.** 要少一点儿

Traduction : **A.** Le manteau est trop cher, il faudrait en baisser le prix. / il en faudrait un autre un peu moins cher.
B. La jupe est trop longue, il en faudrait une plus courte.
C. Il n'y a pas assez à manger, il en faudrait un peu plus.
D. Il y a trop de devoirs, il en faudrait un peu moins.

Scripts

piste 10

– 老板lǎobǎn：你好，你们想xiǎng买mǎi什么？
– 马Mǎ丽Lì：你好。我想买一个帽mào子，黑色hēisè的。
– 老板：这个帽子怎么样？
– 马丽：太小。要大一点儿，长cháng一点儿。
– 老板：这个呢？
– 马丽：可以。我还要买一条tiáo裙qún子。
– 老板：长裙还是短duǎn裙？

- 马丽：长裙，很长，要黑色hēisè的。
- 老板：这一条可以吗？
- 马丽：嗯ēn，不错cuò。
- 老板：还要买什么？
- 王Wáng欢：我也要买裙子。要短duǎn一点儿。
- 老板：这一条？
- 王欢：太长，还要短一点儿。
- 老板：这一条？
- 王欢：嗯，可以。还想买一件T恤xù，蓝lán色的。
- 老板：这件T恤怎么样？
- 王欢：太大了，要小一点儿。嗯，那件jiàn可以。
- 马丽：一个帽子和三件衣服fú，多少钱qián？
- 老板：帽子三十五块kuài，T恤三十块，短裙子五十五块，长裙子一百二十块。
- 马丽：太贵guì了，便宜piányi一点儿。长裙子一百块，短裙子四十五块，好吗？
- 王欢：便宜一点儿嘛ma，我们买了很多衣服。
- 老板：嗯，长裙一百块，短裙五十块。
- 王欢：好。给你钱。

Traduction :

– Bonjour, que désirez-vous ?
– Bonjour, je voudrais acheter un chapeau noir.
– Comment trouvez-vous celui-ci ?
– Il est trop petit. Il en faudrait un qui soit un peu plus grand et un peu plus long.
– Et celui-ci ?
– Oui, c'est bon. Je voudrais aussi acheter une robe.
– Une robe longue ou courte ?
– Une robe longue, très longue, noire.
– Celle-ci vous convient ?
– Oui, elle est pas mal.
– Que voulez-vous d'autre ?
– Je voudrais aussi acheter une jupe, mais plus courte.
– Celle-ci ?
– Elle est trop longue. J'en voudrais une encore plus courte.
– Celle-ci ?
– Oui, ça va. Je voudrais aussi un T-shirt bleu.
– Comment trouvez-vous celui-ci ?
– Il est trop grand. Il faudrait qu'il soit un peu plus petit. Hum, celui-là est bien.
– Un chapeau et trois vêtements, ça fait combien ?
– Le chapeau est à 35 yuans, le T shirt à 30, la jupe courte à 55 et la robe longue à 120 yuans.
– C'est trop cher ! Peut-on les avoir un peu moins cher ? À 100 yuans pour la robe et à 45 pour la jupe courte ?
– Oui, faites-nous un prix. On achète beaucoup de vêtements.
– D'accord, 100 yuans pour la robe et 50 yuans pour la jupe.
– Bien. Voici l'argent.

6 La pluie et le beau temps .. p. 14-15

1 A. voix 3, aime la neige, n'aime pas la pluie, ni la chaleur ; B. voix 1, aime la pluie ; C. voix 4, aime la chaleur, n'aime pas le vent ; D. voix 2, aime le soleil, déteste la pluie (et n'aime pas la chaleur ou le froid) ;

2 A. 下雪xuě的时候hòu，天气qì很冷lěng。B. 天气qì很热的时候hòu，人们常常出chū去。C. 做zuò作业zuòyè的时候，我喜欢听tīng音乐yīnyuè。/ 我做作业的时候，喜欢听音乐。/ 我喜欢做作业的时候听音乐。

Traduction : A. Quand il neige, il fait froid. B. Quand il fait chaud, les gens sortent souvent. C. J'aime écouter de la musique quand je fais mes devoirs.

3 1. 哈尔滨Hā'ěrbīn ; 2. 海南Hǎinán ; 3. 北京Běijīng ; 4. 昆明Kūnmíng

4 A.-3. ; B.-1. ; C.-4. ; D.-2.

Traduction : A. Comme la météo est vraiment très mauvaise en été, 3. (donc) il ne faut pas y aller en été. B. (Comme) ce pull est très cher, 1. donc je n'ai pas envie de l'acheter. C. Comme c'est l'anniversaire de ma mère vendredi, 4. je vais acheter un cadeau. D. (Comme) il neige aujourd'hui, 2. donc ma grand-mère se couvre bien.

Scripts

piste 12

1. 哦ò，我太喜欢下雨了！下雨的时候hòu我常常出去。
2. 哎呀āiya，我最不喜欢下雨了。我喜欢太阳。太冷lěng和太热的时候，我都不喜欢，因为没有花huā。我最喜欢花儿。
3. 呃è，我不喜欢下雨，也不喜欢热天。我喜欢下雪xuě。下雪的时候，东西dōngxi都是白色báisè的，我也是白色的。
4. 哈哈hāha，我最喜欢天气热，因为天气热的时候人们常常出去。他们的衣服fú很短duǎn，吃他们很方便fāngbiàn。可是有风fēng的时候，我不喜欢，因为我太小。

Traduction :
1. Oh, j'aime tellement la pluie ! Je sors souvent quand il pleut. 2. Ah, je déteste la pluie. J'aime le soleil. Je n'aime pas quand il fait trop chaud ou trop froid, car il n'y a pas de fleurs. J'adore les fleurs. 3. Euh, je n'aime ni la pluie, ni la chaleur. J'aime la neige. Quand il neige, tout est blanc, et moi aussi je suis blanc. 4. Ah, j'adore quand il fait chaud, car les gens sortent souvent. Leurs vêtements sont courts, c'est facile de les piquer. Mais je n'aime pas quand il y a du vent car je suis trop petit.

piste 13

1. 那nà里冬dōng天太冷lěng了，风fēng很大，可是很漂亮piàoliang：因为常常下雪xuě，所以外面wàimian都是白色báisè的。
2. 冬天天气不冷，每天都有太阳yáng，下午wǔ很热，所以可以去游泳yóuyǒng，太棒bàng了。
3. 那里夏xià天常常下雨，天气很热。夏天天气最不好，所以你们不要夏天去。
4. 那里没有冬天也没有夏天，不冷也不热，天气很好。从一月到十二月去那里都很好。

Traduction :
1. Il fait vraiment trop froid en hiver là-bas et il y a beaucoup de vent, mais c'est très joli : comme il neige souvent, tout est blanc dehors.
2. Il ne fait pas froid en hiver, il y a du soleil tous les jours et il fait très chaud l'après-midi, donc on peut nager, c'est super.
3. Il pleut souvent en été et il fait très chaud là-bas. La météo est vraiment très mauvaise en été, donc il ne faut pas y aller en cette saison.
4. Il n'y a pas d'hiver ni d'été à cet endroit, et il ne fait ni froid ni chaud, le temps est agréable. C'est un bon endroit où aller de janvier à décembre.

7 *Enfin les vacances !* .... p. 16-17

1 A. Wáng Yuè ; B. Mǎ Kě ; C. Lǐ Xīn
1. Lǐ Xīn ; 2. Mǎ Kě ; 3. Wáng Yuè ; 4. Mǎ Kě ;
5. Wáng Yuè

2 A. 会没有钱。B. 会去游泳yóuyǒng。
C. 会(很)瘦shòu。D. 会下雨。

Traduction : A. Si on achète trop de choses, on n'aura plus d'argent. B. S'il fait chaud, je vais aller nager.
C. En mangeant peu tous les jours, on maigrirait.
D. Il y a beaucoup de nuages, il va pleuvoir.

3 1re partie : A. 4 ; B. 3 ; C. 2 ; D. 1
2e partie : 1. D. ; 2. B. ; 3. C. ; 4. A.

Traduction du forum :
1. Cet hiver, je ne voulais pas rester à la maison, je suis donc allé(e) skier au Japon. 2. J'étais au Japon pendant les vacances. Il y avait de jolies fleurs et beaucoup de monde, c'était très animé. 3. Cet été, je suis allé(e) au Japon pour voir la mer. 4. Quand j'y suis allé(e), il faisait froid, mais l'eau était chaude. C'étaient des vacances très relaxantes.

4 A. 3. ; B. 1. ; C. 2.

Scripts

piste 15

– 马Mǎ可：李Lǐ辛Xīn，王月，要放假fàngjià了，假期里你们想做zuò什么？
– 李辛：我想去海边hǎibiān，每天游泳yóu yǒng、晒shài太阳tàiyáng。
– 王月：哇wà，李辛，每天去海边晒太阳，你会很黑hēi的。
– 李辛：没关系guānxi，我男朋友说在美měi国，晒黑很好看。你想做什么，王月？
– 王月：我也想去海边玩儿。嗯en，我也想去山shān里玩儿，我很喜欢爬pá山。
– 马可：可是去海边和爬山，都会晒黑啊a！
– 王月：不会，我可以穿chuān长cháng衣服fú。我的游泳衣很长，每天去海边也不会晒黑！你呢ne，马可？
– 马可：呃è，我不想出chū去，我会在家睡觉shuìjiào，吃零食língshí，看电视shì。电视里面miàn有山也有海，也不会晒黑。
– 李辛：呃，可是你会很胖pàng。
– 马可：没关系guānxi。

Traduction :
– *Ma Ke :* Li Xin, Wang Yue, c'est bientôt les vacances, qu'avez-vous envie de faire pendant ces vacances ?
– *Li Xin :* Je voudrais aller au bord de la mer, me baigner et prendre des bains de soleil tous les jours.
– *Wang Yue :* Ouh là Li Xin, si tu vas au soleil tous les jours au bord de la mer, tu vas devenir toute noire.
– *Li Xin :* Ce n'est pas grave, mon petit ami dit qu'aux États-Unis, le bronzage c'est joli. Qu'as-tu envie de faire Wang Yue ?
– *Wang Yue :* Je voudrais aussi aller au bord de la mer. Et aussi à la montagne, j'aime bien marcher en montagne.
– *Ma Ke :* Mais que tu ailles au bord de la mer ou marcher en montagne, tu vas bronzer.
– *Wang Yue :* Non, je peux porter des vêtements longs. Ma tenue de bain est très longue, je ne bronzerai pas même en allant tous les jours à la mer. Et toi Ma Ke ?
– *Ma Ke :* Euh, je n'ai pas envie de partir. Je vais rester à la maison à dormir, grignoter et regarder la télévision. À la télé, il y a la montagne et la mer, et on ne bronze pas.
– *Li Xin :* Oui, mais tu vas grossir.
– *Ma Ke :* Ce n'est pas grave.

piste 16

假jià期欢迎huānyíng来日本！
1. 如果你不知道假期去哪儿，那么来北海道Běihǎidào 大雪山xuěshān公园gōngyuán吧！冬天来滑huá雪，夏天来爬pá山！
2. 如果夏xià天来日本，那要去海边biān啊a！来伊Yīdòu看海吧ba！
3. 春chūn天假期做什么？来京都Jīngdū看花huā啊a！
4. 如果假期想休息xiūxi，来日光温泉wēnquán洗澡xǐzǎo，放松fàngsōng放松吧。

Traduction : Bienvenue au Japon pour les vacances !
1. Si vous ne savez pas où aller pendant les vacances, venez dans le parc naturel des montagnes à Hokkaido. Venez skier en hiver et marcher en été !
2. Si vous voulez venir au Japon en été, il faut aller à la plage ! Venez voir la mer à Izu !
3. Que faire pendant les vacances de printemps ? Venez voir les fleurs de Kyoto !
4. Si vous voulez des vacances reposantes, venez vous baigner aux sources chaudes de Nikko pour vous détendre.

8 *Partons en voyage* .... p. 18-19

1 1. b. ; 2. c.-d. ; 3. 上海hǎi ; 4. c. ; 1. 2 ou 3 fois ; 2. des amis, parfois seul ; 3. Shanghai ; 4. il aime l'Europe.

2 A. 我吃了三次cì中国饭。B. 他去了两liǎng次cì美Měi国。C. 我参观cānguān了四次cì博物馆bówùguǎn。

Traduction : A. J'ai mangé chinois trois fois. B. Il est allé deux fois aux États-Unis. C. Je suis allé(e) quatre fois au musée.

3 A. 1. (cocher l'Ouest et le Sud) - 4.-5. ; B. 2. (cocher la France, l'Italie et l'Angleterre) -3.-6.

4 A. 我没去过guò中国。 B. 她不想看电影yǐng。 C. 我明天不上课kè。 D.他没吃过中国饭。

Traduction : A. Es-tu déjà allé(e) en Chine ? Je ne suis jamais allé(e) en Chine. B. A-t-elle envie de voir un film ? Non, elle n'a pas envie de voir un film. C. Tu as / vas en cours demain ? Non, je n'ai pas / ne vais pas en cours demain. D. A-t-il déjà mangé chinois ? Non, il n'a jamais mangé chinois.

Scripts

piste 18

– 假jià期你最喜欢做zuò什么？
– 旅游lǚyóu。
– 每年旅游几次？
– 两次cì，有时三次。
– 你和谁shéi一起qǐ旅游？
– 常常和朋友一起去，有时一个人旅游。
– 你不跟gēn家人一起旅游吗？
– 不。每天都看见jiàn爸爸bàba妈妈，所以不想和他们一起旅游。
– 去国外还是在中国旅游？
– 嗯ēn，中国和国外都去。
– 在中国最喜欢哪儿？
– 上海hǎi。
– 国外呢，你最喜欢去哪儿？欧洲Ōuzhōu，美Měi国还是日本？
– 嗯，喜欢欧洲，有很多博物馆bówùguǎn。我去了两次法Fǎ国，还想去英Yīng国和意Yì大利lì。

Traduction :
– Qu'est-ce que vous préférez faire pendant les vacances ?
– Voyager.
– Vous voyagez combien de fois par an ?
– Deux fois, parfois trois.
– Avec qui voyagez-vous ?
– J'y vais souvent avec des amis, parfois seul.
– Vous ne voyagez pas avec votre famille ?
– Non, je vois mes parents tous les jours, donc je n'ai pas envie de voyager avec eux.
– Vous voyagez à l'étranger ou bien en Chine ?
– Euh, en Chine et à l'étranger.
– En Chine, quel endroit préférez-vous ?
– Shanghai.
– Et à l'étranger, où préférez-vous aller ? En Europe, aux États-Unis ou au Japon ?
– Euh, j'aime l'Europe. Il y a beaucoup de musées. Je suis allée en France deux fois et j'aimerais aller en Angleterre et en Italie.

piste 19

– 大名Míng：李Lǐ辛Xīn，今jīn年夏xià天你旅游lǚyóu了吗？
– 李辛：当然。每年夏天我都旅游。今年去了美Měi国！我的美国男nán朋友请qǐng我去他家玩儿wánr。
– 大名：美国怎么样？
– 李辛：很好啊a。我们参观cānguān了很多地方dìfang，风景fēngjǐng很漂亮piàoliang。我还想去一次cì。
– 大名：去过guò了，为什么还要去？
– 李辛：因为美国很大，很多地方都没有去过，这一次我们去了西部bù和南部nánbù。你去过美国吗？
– 大名：没去过，不太想去。我喜欢欧洲Ōuzhōu。我去过三次：法Fǎ国、意Yì大利lì、英Yīng国我都去过。在那里nàlǐ，我参观了很多博物馆bówùguǎn，很有意思yìsi，可以了解liǎojiě欧洲的文化wénhuà。

Traduction :
– Li Xin, tu as voyagé cet été ?
– Bien sûr. Je voyage chaque été et cette année, je suis allée aux États-Unis ! Mon petit ami américain m'a invité dans sa famille.
– Comment sont les États-Unis ?
– Très bien. Nous avons visité beaucoup d'endroits, les paysages sont beaux. Je voudrais y retourner encore une fois.
– Si tu y as déjà été, pourquoi veux-tu y retourner ?
– Parce que les États-Unis sont très vastes, il reste beaucoup d'endroits où je ne suis pas allée. Cette fois-ci, nous sommes allés dans l'Ouest et le Sud. Tu es déjà allé aux États-Unis ?
– Non, jamais, et je n'ai pas très envie d'y aller. J'aime l'Europe, j'y suis déjà allé trois fois : en France, en Italie et en Angleterre. J'ai visité beaucoup de musées, c'est très intéressant, cela permet de découvrir la culture européenne.

9 Encore du ménage ! .... p. 20-21

1 A. mardi : il était trop fatigué B. mercredi : il est allé voir ses grands-parents C. lundi : il avait trop de devoirs. D. Aujourd'hui, il va acheter un cadeau pour Marc et va à sa fête d'anniversaire.

2 B. ; C. ; F.

Traduction des phrases : A. Je ne fais jamais les courses alimentaires car je n'aime pas faire des achats. B. J'ai toujours aimé faire les courses alimentaires et j'y vais souvent. C. Certains disent que les hommes ne doivent pas faire le ménage, donc mon frère ne le fait jamais. D. Certains disent que les hommes ne doivent pas faire le ménage, mais mon frère aime bien le faire. E. Grand-père fait la cuisine car grand-mère ne la fait jamais. / n'a jamais su la faire. F. Grand-père ne fait jamais la cuisine, il dit qu'il ne sait pas.

3 1re colonne du tableau, remplacer 王Wáng月 par 张Zhāng友友 ; remplacer 马Mǎ克Kè par 张Zhāng红月.

2e colonne : remplacer 张红月 par 马克 ;
remplacer 王明 par 李Lǐ大为wéi.
3e colonne : remplacer 张友友 par 王月 ;
remplacer 李大为 par 王明.
Leurs raisons : Zhāng Yǒuyǒu déteste balayer dehors.
Zhāng Hóngyuè est trop petite pour essuyer le tableau.
Lǐ Dàwéi ne se sent pas bien et ne veut pas sortir.

4 A. 我女朋友让ràng我洗碗xǐwǎn。ou 我让我女朋友洗碗。B. 妈妈让ràng我学中文wén。ou 我让妈妈学中文。C. 哥gē哥让弟dì弟擦cā桌zhuō子。ou 弟弟让哥哥擦桌子。D. 奶nǎi奶让王月打扫sǎo房fáng间。ou 王月让奶奶打扫房间。

Traduction :
A. Ma petite amie me demande de laver la vaisselle. / Je demande à ma petite amie de laver la vaisselle.
B. Ma mère me demande d'apprendre le chinois. / Je demande à ma mère d'apprendre le chinois.
C. Le grand frère demande au petit frère d'essuyer la table. / Le petit frère demande au grand frère d'essuyer la table.
D. La grand-mère demande à Wang Yue de nettoyer la chambre. / Wang Yue demande à la grand-mère de nettoyer la chambre.

Scripts

piste 21

– 小新xīn，你从来都是这样。你从来不想做家务wù，从来不帮助bāngzhù我。
– 没有啊a，妈妈。我有时做家务。
– 什么时候hòu做了？星期一，你没有洗碗xǐwǎn，因为你说作业zuòyè太多。星期二你没有打扫sǎo房fáng间，因为你说你太累lèi。星期三，你没有做饭，你说去看爷爷yéye奶奶nǎinai。星期四你有篮球lánqiú课kè，星期五你说跟gēn朋友出chū去。
– 对duì不起qǐ啊，妈妈。可是我每天都很忙máng。今jīn天我也没空kòng，今天是马Mǎ克Kè的生日，我要给他买礼物lǐwù，然rán后去生日晚wǎn会。
– 啊，气qì死sǐ我了！做家务的时候，你从来都没空。出去玩儿的时候，你从来都有空！

Traduction :
– Xiaoxin, c'est toujours pareil, tu ne veux jamais faire le ménage. Tu ne m'aides jamais.
– Ce n'est pas vrai maman, je le fais de temps en temps.
– Quand ? Lundi, tu n'as pas fait la vaisselle, tu as dit qu'il y avait trop de devoirs. Mardi, tu n'as pas nettoyé ta chambre, car tu étais trop fatigué. Mercredi, tu n'as pas fait la cuisine, tu as dit que tu es allé voir tes grands-parents. Jeudi, tu avais cours de basket, vendredi, tu es sorti avec des amis.
– Désolé, maman. Mais je suis occupé tous les jours. Aujourd'hui non plus je ne suis pas libre. C'est l'anniversaire de Marc. Je dois lui acheter un cadeau et après, je vais à sa fête d'anniversaire.
– Oh, qu'est-ce que tu m'énerves ! Quand il s'agit de faire le ménage, tu n'es jamais disponible. Mais quand il s'agit de sortir t'amuser, tu as toujours le temps !

piste 22

B. 我从来都喜欢买菜cài，常常去买。
C. 有人说男nán人不应该yīnggāi做家务wù，所以哥gē哥从来不做家务。
F. 爷yé爷从来不做饭，他说他不会。

Traduction : B. J'ai toujours aimé faire les courses alimentaires et j'y vais souvent. C. Certains disent que les hommes ne doivent pas faire le ménage, donc mon frère ne le fait jamais. F. Grand-père ne fait jamais la cuisine, il dit qu'il ne sait pas.

piste 23

– 张Zhāng友友：啊呀āya，老师lǎoshī让ràng我打扫sǎo外面miàn，我最讨厌tǎoyàn做这个。王月，星期一我擦cā桌子zhuōzi，你打扫外面，好吗？
– 王Wáng月：嗯en，我想一想。那好吧ba，张友友，我去打扫外面。

– 张红月：马Mǎ克Kè，你什么时候hòu做打扫？
– 马克：我星期二擦桌子。你呢，张红月？
– 张红月：老师让我星期一擦黑板hēibǎn。我个子不高gāo，不方便fāngbiàn。你可以帮助bāngzhù我吗？
– 马克：那我星期一擦黑板，你星期二擦桌子。
– 张红月：谢谢xièxie你。

– 老师：李Lǐ大为wéi，今jīn天你打扫外面。
– 李大为：老师，我今天不舒服shūfu，不要让ràng我去外面，好吗？我擦黑板，让王明打扫外面，可以吗？
– 老师：可以。

Traduction :
– *Zhang Youyou :* Zut ! Le prof, m'a demandé de balayer dehors, je déteste faire ça. Wang Yue, lundi j'essuierai les tables et tu balayeras, d'accord ?
– *Wang Yue :* Euh, laisse-moi réfléchir… C'est d'accord, Zhang Youyou, je vais balayer dehors.

– *Zhang Hongyue :* Ma Ke, quand est-ce que tu fais le nettoyage ?
– *Ma Ke :* J'essuie les tables le mardi. Et toi, Zhang Hongyue ?
– *Zhang Hongyue :* Le prof m'a demandé d'essuyer le tableau lundi. Je suis petite, ce n'est pas pratique. Tu pourrais m'aider ?
– *Ma Ke :* OK, lundi, j'essuierai le tableau et tu essuieras les tables mardi.
– *Zhang Hongyue :* Merci.

– *Professeur :* Li Dawei, aujourd'hui, tu balayeras dehors.
– *Li Dawei :* Madame, je ne me sens pas bien aujourd'hui. Pourriez-vous ne pas me demander de sortir ? J'essuierai le tableau et Wang Ming pourrait balayer dehors.
– *Professeur :* D'accord.

10 À table ! .... p. 22-23

1 A.-6. ; B. 4.-5. ; C. 2-3. ; D. 2. ; E. 1. ; F. 3. ; G. 1.

2 A. 儿ér子的衣服fú和爸爸bàba的（衣服）一样。B. 上午wǔ和下午wǔ一样热。C. 蓝lán裤kù子和红裤kù子不一样长cháng。

Traduction : A. Le vêtement du garçon est pareil que celui de son père. B. Il fait aussi chaud le matin que l'après-midi. C. Le pantalon bleu n'est pas de la même longueur que le pantalon rouge.

3 Entourer le hamburger (1 hamburger), le cola (5 verres) et le chocolat (10 carrés).
学校xiào吃午wǔ饭；两liǎng个水果；很多蔬shū菜；不要喝hē；喝hē水。

4 A. Il mange trop et fait trop peu de sport, donc il est gros. B. Il n'est pas en bonne santé car il se couche trop tard, mange mal et regarde trop la télévision.

Scripts

piste 25

– 大伟wěi，今jīn天学校xiào有什么菜？
– 猪肉zhūròu和鱼yú，还有蔬shū菜。你想吃什么？
– 呃e，学校的猪肉和鱼一样难nán吃。我们出chū去吃饭吧ba。
– 好啊a，我们去吃什么？汉堡包hànbǎobāo还是披萨pīsà？
– 不知道zhīdào，都可以。我觉得juéde汉堡包和披萨一样好吃。
– 我想吃汉堡包和薯条shǔtiáo，很长cháng时间没有吃了。
– 好。我们还可以喝hē可乐lè，喝很多很多可乐，我最喜欢可乐。
– 哇wà，我跟gēn你一样。吃完wán以后我们去买巧克力qiǎokèlì，我请qǐng你吃巧克力。
– 太棒bàng了！我们去吧。

Traduction :
– Dawei, qu'est-ce qu'il y a comme plats à la cantine aujourd'hui ?
– Du porc et du poisson, et aussi des légumes. Tu as envie de manger quoi ?
– Beurk, le porc et le poisson de la cantine sont tout aussi mauvais. Sortons manger à l'extérieur.
– D'accord, qu'est-ce qu'on va manger ? Un hamburger ou de la pizza ?
– Je ne sais pas, les deux me vont. Je trouve que les deux sont aussi bons.
– J'ai envie de manger un hamburger et des frites, ça fait longtemps que je n'en ai pas mangés.
– OK. On peut aussi boire du cola, beaucoup, beaucoup de cola, j'adore ça !
– Ouah, c'est pareil pour moi. Après avoir mangé, on ira acheter du chocolat, je t'invite à en manger.
– Super, on y va !

piste 26

– 王Wáng月Yuè，你怎么了？为什么不吃晚wǎn饭？
– 嗯en，我不饿è。我不太舒服shūfu，不想吃晚饭了。
– 你中午wǔ在学校xiào吃了什么？
– 中午没有在学校吃。我和大伟wěi去吃了汉堡包hànbǎobāo，也喝hē了一点儿可乐lè。
– 还吃了什么？
– 也吃了一点儿巧克力qiǎokèlì。
– 一点儿？哼hēng，一点儿是多少？
– 一个汉堡包，五杯bēi可乐，和十块kuài巧克力。
– 王月，你可乐喝得de太多，巧克力也吃得de太多，所以不舒服。你为什么不在学校吃饭？
– 因为在学校吃得不好。
– 唉ài，王月，我说过guò很多次了，喝太多可乐，吃太多巧克力对duì身体shēntǐ不好，你不听tīng！我不给gěi你零líng用钱qián了。以后，你每天要在学校吃午饭，每天吃两个水果和很多蔬shū菜，不要喝可乐，要喝水。

Traduction :
– Wang Yue, qu'y a-t-il ? Pourquoi tu ne dînes pas ?
– Euh, je n'ai pas faim. Je ne me sens pas très bien, je n'ai pas envie de dîner.
– Qu'est-ce que tu as mangé à la cantine à midi ?
– Je n'ai pas mangé à l'école à midi. Je suis allée manger un hamburger avec Dawei, et j'ai bu un peu de cola.
– Et qu'as-tu mangé d'autre ?
– J'ai aussi mangé un peu de chocolat.
– Un peu ? Hum, ça veut dire quelle quantité exactement ?
– Un hamburger, 5 verres de cola et dix carrés de chocolat.
– Wang Yue, tu as bu trop de cola et mangé trop de chocolat, c'est pour ça que tu ne te sens pas bien. Pourquoi ne manges-tu pas à la cantine ?
– Parce que ce n'est pas bon à l'école.
– Enfin, Wang Yue, je te l'ai déjà dit souvent, boire trop de cola et manger trop de chocolat n'est pas bon pour la santé. Tu ne m'écoutes pas ! Je ne te donne plus d'argent de poche. À l'avenir, tu déjeuneras à l'école tous les midis, tu mangeras deux fruits et beaucoup de légumes chaque jour, et tu ne boiras plus de cola mais de l'eau.

11 Sorties en famille .... p. 24-25

1 Activité choisie : A. ; motifs de refus : B.-3. ; C.-4. ; D.-1. ; E.-2.

2 A. 还是 B. 或者 C. 还是 D. 或者

Traduction : A. Allons-nous au cinéma ou faire des courses ? B. J'ai envie de manger une pizza ou bien un hamburger. C. Allez-vous le voir samedi ou bien dimanche ? D. Je pense que ce soit toi ou elle qui y aille, ça revient au même.

3 père : 2. ; mère : 2. ; fille : 4. ; fils : 1-3.
Choix final : un film historique, car c'est instructif (on peut apprendre beaucoup de choses).

4 A. 说什么，你都觉得juéde不好！

B. 不管guǎn我说什么，你都说我很无聊wúliáo!
C. 不管guǎn我们选xuǎn什么，你们都说不好!

Traduction : A. Peu importe ce que je dis, tu trouves toujours que ce n'est pas bien. B. Pourquoi quoi que je dise, tu dis toujours que je suis ennuyeuse. C. Mais quoi que nous choisissions, vous dites toujours que ce n'est pas bien.

Scripts

piste 28

– 爸爸bàba：这个周末zhōumò我们全quán家一起出去。你看看，选xuǎn什么活动huódòng?
– 妈妈：不太贵guì的。
– 东东喜欢运动yùndòng，我们去爬山páshān吧ba。
– 不要。爬山太累lèi。去博物馆bówùguǎn或者去公园gōngyuán。
– 不要，我最讨厌tǎoyàn博物馆，公园也很无聊wúliáo。我们一起去看电影yǐng吧，看完wán电影以后，请qǐng孩子们吃饭。
– 看电影可以。吃饭嘛ma，在外面mian吃饭太贵了。我给你们做饭！
– 可是孩子们最喜欢去饭馆，我们也不常去。可以请他们吃汉堡包hànbǎobāo或者披萨pīsà，都不太贵。
– 不行xíng，对身体shēntǐ不好。
– 好好好。我们去看电影，然rán后回家吃饭。那我们让ràng孩子们选电影吧。
– 好的。

Traduction :
– Ce weekend, on sort en famille. Voyons, quelle activité allons-nous choisir ?
– Une activité pas trop chère.
– Dongdong aime bien faire de l'exercice. Allons marcher en montagne.
– Non, c'est trop fatigant. Allons au musée ou au parc.
– Non. Je déteste les musées, et le parc c'est aussi ennuyeux. Allons au cinéma ensemble, et après le film, on invite les enfants à manger.
– D'accord pour le film. Pour manger, ça coûte trop cher de manger dehors. Je vous ferai la cuisine !
– Mais les enfants adorent aller manger au restaurant et en plus nous n'y allons pas souvent. On peut les inviter à manger un hamburger ou une pizza, ce n'est pas très cher.
– Je ne suis pas d'accord, c'est mauvais pour la santé.
– Ok ok. On va au cinéma, puis on rentre pour manger. Dans ce cas, laissons les enfants choisir le film ?
– D'accord.

piste 29

– 爸bà爸：孩子们，星期六我们一起去看电影yǐng。
– 东Dōng东：看什么电影?
– 爸爸：爸妈让你们选xuǎn。
– 西西：看动画片儿dònghuàpiānr吧ba。
– 东东：不要。我们不是小孩子了！
– 爸爸：我和妈妈也不想看动画片。
– 西西：嗯ēn，那看爱情àiqíng片piān吧。
– 东东：不想看。爱情片很无聊wúliáo。
– 西西：姐姐，你太讨厌tǎoyàn了！不管guǎn我说什么，你都觉得juéde不好！
– 东东：我们选一个美měi国电影吧。
– 西西：哦ò，美国电影最无聊。
– 东东：哦，西西，为什么不管我说什么，你都说我很无聊?
– 妈妈：好了好了，不要吵架chǎojià了。你们选得都不好。我们去看一个历史lìshǐ片，可以学很多东西。
– 东东/西西：妈妈，不要啊。
– 爸爸：嗯嗯，妈妈选得好。
– 东东：爸爸，你说让我们选电影，可是不管我们选什么，你们都说不好！

Traduction :
– *Papa* : Les enfants, samedi, on va ensemble au cinéma.
– *Dongdong* : On va voir quel film ?
– *Papa* : On vous laisse choisir.
– *Xixi* : Un dessin animé !
– *Dongdong* : Non. On n'est plus des petits enfants !
– *Papa* : Maman et moi ne voulons pas non plus voir un dessin animé.
– *Xixi* : Un film romantique alors.
– *Dongdong* : Non, je ne veux pas, les films romantiques sont ennuyeux.
– *Xixi* : Oh, que tu es embêtante ! Peu importe ce que je dis, tu trouves toujours que ce n'est pas bien.
– *Dongdong* : Choisissons un film américain.
– *Xixi* : Oh, les films américains sont les plus ennuyeux.
– *Dongdong* : Oh, Xixi, pourquoi quoique je dise, tu dis toujours que je suis ennuyeuse.
– *Maman* : Ça suffit, arrêtez de vous disputer. Vos choix ne conviennent pas. On va voir un film historique, on peut apprendre beaucoup de choses.
– *Dongdong et Xixi* : Oh non maman !
– *Papa* : Hum hum, maman a eu une bonne idée (a bien choisi).
– *Dongdong* : Papa, tu dis que c'est à nous de choisir le film, mais quoi que nous choisissions, vous dites toujours que ce n'est pas bien.

12 *Parents, mode d'emploi* … p. 26-27

1 A.-5 ; B.-2 ; C.-4. ; D.-1. ; E.-3.

2 Ligne 1. 还是，吃饭 2. 或者，关系guānxi，国外 3. 生活huó，下雨 4. 父母，水果，孩子 5. 家人，工作 6. 毛衣，事情shìqíng，所以

3 *Pas de corrigé. Traduction du test :*
A. Est-ce que vous achetez un cadeau à vos parents pour leur anniversaire ? oui / parfois / jamais
B. Connaissez-vous leur état de santé ? oui / plus ou moins / non
C. Savez-vous quel travail ils font ? oui / plus ou moins / pas du tout
D. Savez-vous ce qu'ils aiment manger ? oui / plus ou moins / pas du tout
E. Trouvez-vous que vous êtes proche d'eux ? très proche / plus ou moins / pas proche du tout
F. Est-ce que vous parlez souvent ensemble ? oui, souvent / parfois / jamais

G. Pensez-vous que vous les comprenez ? oui / parfois oui, parfois non / pas du tout
10-14 points : vous êtes proche de vos parents.
5-9 points : vous pourriez être plus proche de vos parents.
0-4 points : vous devriez parler un peu avec vos parents.

Scripts

piste 31

– 如rú果孩子晚wǎn上要去外面miàn，你让ràng他出chū去吗？
1. 不让。因为晚上不安全ānquán啊a。
2. 他有很多作业，晚上应该yīnggāi在家做作业，学习xí和看书。我不想让他出chū去。
3. 孩子大了，应该有她的生活huó，有自己zìjǐ的事情shìqíng。晚上可以出去，十二点以前qián回huí家就jiù可以。
4. 晚上出去做什么啊？晚上嘛ma，应该在家，和家人一起qǐ聊liáo天，看电视shì。
5. 让她出去啊。她每天都跟gēn我吵架chǎo jià，如果她想出去玩儿，那最好。

Traduction :
– Si votre enfant veut sortir le soir, le laissez-vous sortir ?
1. Non, car ce n'est pas sûr le soir.
2. Il a beaucoup de devoirs et le soir, il doit faire ses devoirs à la maison, étudier et lire. Je ne veux pas le laisser sortir.
3. Mon enfant est grande, elle doit avoir sa vie, ses propres affaires. Elle peut sortir le soir, du moment qu'elle rentre avant minuit.
4. Sortir le soir pour quoi faire ? Le soir, il faut être à la maison, discuter avec la famille, regarder la télévision.
5. Je la laisse sortir. Elle se dispute tous les jours avec moi, ce n'est pas plus mal si elle veut sortir s'amuser.

13 Vive les enfants ! .... p. 28-29

1 A. 1. 3. 6. 7. 8. ; B. 2. 4. 5.

2 Il faut barrer : A. 太 ou 很 ; B. 不 ; C. 不苦kǔ ou 吗 ; D. 一点儿 ; E. 没 ; F. 去 ou 在

Traduction :
A. Elle se sent seule. / trop seule.
B. Cet enfant n'a pas de petit frère.
C. Son travail est-il pénible ?
D. Ma petite amie est tellement jolie.
E. Il y a tellement de devoirs chaque jour.
F. Il aime travailler / aller au bureau tous les jours.

3 Cocher : 1. (pour C.), 4. (pour A.)

Traduction du texte : Maintenant qu'il n'y a plus de politique de l'enfant unique, combien avez-vous d'enfants ? Quel nombre d'enfants vous paraît idéal ?
A. Je n'ai qu'un enfant, il se sent très seul.
B. Je pense que l'idéal est d'avoir une fille, les filles sont très sages.
C. J'ai un garçon et une fille, c'est vraiment « bien ». Le grand s'occupe de sa petite sœur.
D. J'ai deux enfants. J'ai voulu en avoir deux, mais maintenant je trouve que c'est trop dur.

4 A. 2. ; B. 1. ; C. 3.

Traduction : A.-2. Je n'aime pas les films d'amour, donc je ne vais pas au cinéma avec toi. B.-1. Je ne sais pas du tout quel travail fait mon père. C.-3. Il est enfant unique, donc il se sent seul.

Scripts

Piste 33

– 你们是独dú生子女吗？
– 是的。
– 你们觉得独生子女好不好？
– 女生：很好啊，这么多大人照顾zhàogu一个孩子，孩子很幸福xìngfú。可是有时候大人宠爱chǒng'ài孩子，这不太好。
– 男nán生：嗯，我觉得juéde独生子女太孤gū独，一个孩子，会很无聊wúliáo。
– 女生：不会无聊啊a，你有这么多同tóng学，可以跟gēn同学玩啊。
– 男生：那不一样。
– 你们想不想要哥gē哥弟dì弟，或者姐jiě姐妹mèi妹？
– 男生：我想要一个哥哥。有时候，很多话不想和父母说，他们不理解lǐjiě。如果有一个哥哥，我可以跟他说，他也可以帮助bāngzhù我。
– 女生：我想要一个小妹妹，我可以照顾她，很好玩儿。

Traduction :
– Vous êtes enfants uniques ?
– Oui.
– Vous trouvez que c'est bien d'être enfant unique ?
– Oui, c'est bien, lorsque tant d'adultes s'occupent d'un seul enfant, il est heureux. Mais parfois les adultes gâtent l'enfant, ce qui n'est pas bien.
– Hum, je trouve que les enfants uniques se sentent trop seuls ; on s'ennuie tout seul.
– Non, on ne s'ennuie pas, il y a tellement de camarades avec lesquels on peut jouer.
– Ce n'est pas la même chose.
– Vous auriez voulu avoir un frère ou une sœur ?
– J'aurais aimé avoir un grand frère. Parfois, il y a beaucoup de choses qu'on n'a pas envie de dire aux parents, ils ne comprennent pas. Si j'avais eu un grand frère, j'aurais pu lui parler et il aurait aussi pu m'aider.
– J'aurais aimé une petite sœur, pour m'en occuper, c'aurait été amusant.

14 Difficile d'étudier ! .... p. 30-31

1 A. 对duì ; B. 不对duì ; C. 不对duì ; D. 对duì

Traduction du document :
1. Combien de temps prennent les devoirs chaque jour ? 3 heures / 4 heures / 2 heures.

2. Dans quelle matière y a-t-il le plus de devoirs ? En mathématiques. / En physique. / En langue étrangère.
3. Si vous n'avez pas fini vos devoirs le soir, que vous disent vos parents ? De ne pas continuer. / Je vais t'aider à les finir. / Tu n'iras pas te coucher tant que tu n'auras pas fini.
4. Pourquoi vos parents vous grondent-ils ? Car je désobéis. / Pour des questions de devoirs. / Pour de mauvais résultats aux contrôles.

2 A. 问题wèntí est un nom, les autres mots sont des verbes ; B. 考试kǎoshì n'est pas un verbe qualificatif ; C. 学校xiào n'est pas une matière scolaire ; D. 星期五 n'est pas une durée.

Traduction des mots : A. gronder, s'occuper de, espérer, problème. B. pénible, important, examen, obéissant. C. école, physique, mathématiques, langue étrangère. D. 2 jours, 3 mois, vendredi, 2 heures

3 A. 3., 4. ; B. 1., 5. ; C. 2., 6.

Traduction des phrases : 1. Je me sens seul. 2. Ils s'occupent de tout, c'est énervant ! 3. Je ne peux pas sortir m'amuser. 4. Ils pourraient se charger de m'acheter des vêtements et de faire à manger. 5. Je voudrais qu'ils s'occupent de mes études. 6. S'ils ne s'occupaient pas de moi, je travaillerais quand même aussi bien.

4 A. 我什么电影yǐng都想看。B. 我什么音乐yīnyuè都喜欢听。C. 他什么作业yè都不要做。

Traduction : A. J'ai envie de voir n'importe quel film. B. J'aime écouter n'importe quelle musique. C. Il ne veut faire aucun devoir.

Scripts

piste 35

– 小天，你父母管guǎn你的学习xí吗?
– 管。每天都说学习很重zhòng要。他们什么都管。烦fán死sǐ了。
– 那你希望xīwàng你的父母怎么做?
– 我希望他们什么都不要管。如果他们不管我，我也能学得de很好。
– 小月，你父母管你的学习吗?
– 常常管。他们管得太多，可是什么都不懂dǒng。我不能出去玩儿wánr，很累lèi。
– 那你希望你的父母怎么做?
– 希望他们管一点儿学习，可是不要管太多。可以管买衣服fú、做饭等děng等。
– 明明，你父母管你的学习吗? 你希望他们怎么做?
– 我父母什么都不管，他们工作很忙máng。我考得好不好，他们都不知道zhīdào。他们给我很多零líng用钱，可是我觉jué得很孤独gūdú。我希望父母常跟gēn我聊liáo天，管我的学习。

Traduction :
– Xiaotian, est-ce que tes parents s'occupent de tes études ?
– Oui, ils disent tous les jours que c'est important d'étudier. Ils s'occupent de tout, c'est énervant.
– Tu aimerais que tes parents fassent comment ?
– J'aimerais qu'ils ne s'occupent de rien. S'ils ne s'occupaient pas de moi, je travaillerais quand même aussi bien.
– Xiaoyue, est-ce que tes parents s'occupent de tes études ?
– Ils s'en occupent souvent. Ils s'en occupent trop, mais ils n'y comprennent rien. Je ne peux pas sortir m'amuser, c'est fatigant.
– Tu aimerais que tes parents fassent comment ?
– Je voudrais qu'ils s'occupent un peu de mes études, mais pas trop. Ils pourraient se charger de m'acheter des vêtements et de faire à manger, etc....
– Mingming, est-ce que tes parents s'occupent de tes études ? Tu aimerais qu'ils fassent comment ?
– Mes parents ne s'occupent de rien, ils sont très pris par leur travail. Ils ne savent pas du tout si je réussis bien ou non. Ils me donnent beaucoup d'argent de poche, mais je me sens très seule. J'aimerais que mes parents bavardent souvent avec moi et qu'ils s'occupent de mes études.

15 Après le lycée... p. 50-51

1 A. 4 ; B. 5 ; C. 2 ; D. 1 ; E. 3

2 A.-3. ; B.-4. ; C.-2. ; D.-1.

Traduction : A. Bien que je sois très fatigué, 3. je dois quand même sortir. B. Ses parents ne la laissent pas sortir 4. parce qu'elle n'a pas fini ses devoirs. C. Bien qu'il réussisse bien à l'école, 2. ses parents veulent quand même s'occuper de lui. D. Je suis trop fatigué, 1. donc j'ai envie de dormir.

3 B., D.

Traduction du blog : Vous pensez que le lycée c'est pénible et attendez les beaux jours à l'université ?
Ce que les lycéens pensent de l'université :
Les parents ne sont pas là, on peut jouer à l'ordinateur jusqu'au petit matin.
Maman n'est pas là pour me forcer à manger.
À l'université, je pourrai flirter.
Ce que les étudiants en pensent :
Le soir il n'y a pas d'électricité à l'école. On ne peut que dormir ou bavarder.
La nourriture est trop mauvaise. Je rêve des plats que fait ma mère.
J'aimerais flirter, mais je n'ai pas d'argent pour lui acheter des cadeaux.

4 A. 她吃的菜cài很好吃。
B. 她买的礼物lǐwù很贵guì。

Traduction :
A. Le plat qu'elle mange est bon. / Le plat qu'elle a mangé était bon.
B. Le(s) cadeau(x) qu'elle achète est (sont) cher(s). / Le(s) cadeau(x) qu'elle a acheté(s) est (sont) cher(s).

Scripts

piste 37

– 王月，明天我们一起出chū去玩吧ba，先xiān去逛街guàngjiē，然rán后去看电影yǐng。
– 不去不去，我有事情shìqing。我要去一个咖啡馆kāfēiguǎn。
– 去咖啡馆也可以呀ya。我们可以先看电影，看完电影去喝hē咖啡。
– 呃è，不能和你一起qǐ，因为我要去那儿上英语课。
– 什么，去咖啡馆上课？为什么？
– 因为暑假shǔjià不准zhǔn在学校补课bǔkè，老师没办法bànfǎ，所以去外面。
– 虽然suīrán不准补课，可是还是要去？
– 我妈妈让我去，我也没办法。妈妈希望我考得好，以后上好大学。
– 你好可怜kělián！
– 没关系guānxi，虽然现xiàn在很苦kǔ，可是上大学以后都会好的！

Traduction :
– Wang Yue, demain on sort s'amuser ensemble : on ira d'abord faire les magasins, puis on ira au cinéma.
– Non, non, demain j'ai quelque chose à faire, je vais au café.
– Aller au café, ça me va aussi. On peut d'abord aller au cinéma et après le film, on ira boire un café.
– Je ne peux pas y aller avec toi, parce que j'y vais pour un cours d'anglais.
– Quoi, tu vas au café pour un cours ? Pourquoi ?
– Parce que pendant les vacances, c'est interdit de faire des cours de rattrapage à l'école. Le professeur n'y peut rien (n'a pas d'autre solution), alors on va à l'extérieur.
– Bien que ce soit interdit, tu dois quand même y aller ?
– Ma mère me demande d'y aller, je n'ai pas le choix. Elle espère que je réussirai les examens pour entrer dans une bonne université plus tard.
– Tu es bien à plaindre !
– Ce n'est pas grave, même si c'est pénible maintenant, ça ira mieux à l'université.

16 *Le Nouvel An chinois* .... p. 52-53

1 A.-3. (莲子 pour 连子) ; B.-5. (饺 pour 交) ; C.-4. (鱼 pour 余) ; D.-1. (桔 pour 吉) ; E.-2. (苹 pour 平)

Traduction : A. Avoir beaucoup d'enfants.
B. Avoir beaucoup de bonheur.
C. Faire de grandes économies chaque année.
D. Bonne chance. E. Qu'il n'y ait pas de malheurs.

2 1. 子 ; 2. 下 ; 3. 些 ; 4. 学 ; 5. 常 ; 6. 可 ; 7. 子 ; 8. 红

Traduction : 1. ravioli, 2. garder, 3. quelques, 4. université, 5. très, 6. être à plaindre ; 7. les jours ; 8. enveloppe rouge.

3 A. 3 000 yuans, 2 000 yuans ; B. 8 et 3 ; C. Un ordinateur, rien. A. 4 ; B. 2 ; C. 1 ; D. 3

4 1. 收shōu到 recevoir ; 2. 看到 voir; 3. 听到 entendre

Scripts

piste 39

– 大伟wěi，新xīn年好。
– 新年好，马Mǎ丽Lì。
– 大伟，今jīn年过年，你收shōu到了多少红包？
– 我收到……嗯ēn，八个，三千块kuài。你呢ne？
– 我只收到三个红包，可是也有两千块。我想买一个电脑nǎo。你想买什么？
– 可能不买东西。我想留liú下一些钱。因为明年十八岁suì，就jiù没有红包了。
– 你说，为什么给小孩子红包？
– 你不知道zhīdào吗？以前qián，有一个野兽yěshòu叫年。每年最后一天的晚wǎn上，它tā出chū来吃人，最喜欢吃小孩子。可是年怕pà响声xiǎngshēng和红色的东dōng西。所以，大人在红包里放一些钱，放在孩子们的床chuáng上。如果年去吃孩子，就会看到红色，也会听到钱的响声，它就吓跑xiàpǎo了。明年十八岁，我们是大人了，年不喜欢吃我们了，没有红包啦la。

Traduction :
– Bonne année, Dawei.
– Bonne année Ma Li.
– Dawei, tu as reçu combien d'enveloppes rouges cette année pour le Nouvel An ?
– J'en ai reçu…euh… huit, 3 000 yuans, et toi ?
– Je n'en ai reçu que trois, mais j'ai eu 2 000 yuans. Je voudrais acheter un ordinateur, qu'est-ce que tu as envie d'acheter ?
– Peut-être que je ne vais rien acheter. Je pense garder un peu d'argent, parce que l'année prochaine, j'aurai 18 ans et alors je n'aurai plus d'enveloppes rouges.
– Dis-moi, pourquoi donne-t-on des enveloppes rouges aux enfants ?
– Tu ne le sais pas ? Avant, il y avait un animal sauvage qui s'appelait Nian. Tous les ans, le dernier soir de l'année, il sortait pour manger des humains, et en particulier les enfants. Mais Nian avait peur du bruit et de tout ce qui était rouge. Les adultes mettaient donc de l'argent dans des enveloppes rouges qu'ils posaient sur le lit des enfants. Quand Nian venait les dévorer, il voyait les enveloppes rouges, entendait le bruit des pièces et s'enfuyait. L'année prochaine, à 18 ans, nous serons des adultes, Nian ne voudra plus nous manger, donc nous n'aurons plus d'enveloppes rouges.

17 *Que fête-t-on ?* .... p. 54-55

1 A. 月饼bǐng ; B. 讲jiǎng故事gùshi ; C. 屈Qū原Yuán的故事 ; D. 住在月亮liàng上

Traduction du document : A. Pour la fête de la Mi-Automne, les Chinois mangent :
des raviolis / des gâteaux de lune / des gâteaux de riz glutineux / du poisson.

B. Au moment des fêtes, les adultes aiment : offrir des cadeaux / offrir des vêtements / raconter des histoires aux enfants.
C. Au moment de la fête de Duanwu, les adultes racontent : l'histoire de Chang'é / l'histoire de Qu Yuan / l'histoire de Nian.
D. Chang'é : est un animal sauvage / est un poète / habite sur la lune.

2 A. 除chú了他，我们都想吃饺jiǎo子。
B. 除chú了北京Běijīng，我还去过上海hǎi。
C. 除chú了看书，我还喜欢看电影yǐng。

3 A. 教师jiàoshī节 fête des professeurs B. 国庆qìng节 fête nationale chinoise C. 儿童értóng节 fête des enfants

Traduction des phrases : En dehors des fêtes anciennes, il y a aussi la fête nationale, la fête des enfants et la fête des professeurs.
A. ...est la fête des enseignants, le 10 septembre. Les élèves écrivent des cartes de vœux aux professeurs.
B. ...est le 1er octobre, car c'est le 1er octobre 1949 qu'a été fondée la Chine actuelle.
C. ...est le 1er juin. Les enfants sont ravis car c'est leur fête.
De plus en plus de Chinois aiment célébrer les fêtes européennes, comme Noël.

4 A. 这么多 ; B. 不管guǎn……都不 ; C. 越yuè来越 ; D. 虽然suīrán……可是

Traduction : A. Il y a tellement de monde sur les plages en été. B. Quel que soit le moment où tu viendras, ça n'ira pas. C. J'ai de plus en plus envie de voir ce film. D. Bien qu'il fasse mauvais, je dois quand même sortir.

Scripts

piste 41

中国有一些很重zhòng要的节日。除chú了春节还有中秋qiū节和端午Duānwǔ节。很多古gǔ老的节日都有一个故事gùshi。过节的时候hòu，大人喜欢给孩子们讲jiǎng故事。比如，中秋节讲嫦娥Cháng'é的故事：嫦娥住zhù在月亮liàng上。端午节讲屈Qū原Yuán的故事：屈原是一个诗shī人，他很爱自己zìjǐ的国家。除了故事，每个节日都有自己特别tèbié的菜cài：中秋节吃月饼bǐng，端午节吃粽zòng子。

Traduction : En Chine, il existe plusieurs fêtes importantes. En dehors de la fête du Printemps, il y a la fête de la Mi-Automne et la fête de Duanwu. Ces fêtes anciennes sont souvent accompagnées d'une légende. Au moment des fêtes, les adultes aiment raconter ces histoires aux enfants. Pour la fête de la Mi-automne, par exemple, ils racontent la légende de Chang'E qui habite sur la lune. Pour Duanwu, ils racontent l'histoire de Qu Yuan, un poète très patriote. En plus des légendes, chaque fête est accompagnée de ses spécialités culinaires. Pour la Mi-Automne, on mange des gâteaux de lune et pour Duanwu, des gâteaux de riz glutineux.

18 C'est la Chine ! p. 56-57

1 A. Chángjiāng : le fleuve au centre ; B. Zhūjiāng : le fleuve au sud ; C. Chángbáishān : les montagnes au nord-est ; D. Xǐmǎlāyǎshān : les montagnes à l'ouest ; E. Pandas : au centre à côté de Chongqing.

2 A. Shànghǎi B. Chóngqìng C. Wūlǔmùqí

Traduction : A. Au bord de la mer, c'est l'une des plus grandes villes de Chine. Nous aimons manger du riz, nous mangeons rarement des nouilles.
B. La population de notre ville est très importante, ce n'est pas au nord, nous mangeons très épicé.
C. J'habite à l'Ouest, l'été est très chaud, il y a du soleil tous les jours. C'est là-bas que les fruits sont les meilleurs.

3 A. 珠江Zhūjiāng是中国最大的河hé之zhī一。B. 长cháng白山是最高gāo的山之zhī一。C. 这个包是最好看的包之zhī一。

Traduction : A. Le Zhujiang (la rivière des Perles) est l'un des plus grands fleuves chinois. B. Changbaishan est l'une des plus hautes montagnes. C. Ce sac est l'un des plus beaux.

4 A. 西部bù ; B. 中部bù ; C. 南部nánbù ;
D. 上海hǎi，北京jīng，重庆Chóngqìng，广州Guǎngzhōu

Traduction : A. Quel est l'endroit de Chine où la population est faible ? À l'Ouest. B. En Chine, où faut-il aller pour voir des pandas ? Au centre. C. Dans quel endroit de Chine ne neige-t-il jamais ? Au Sud. D. Quelles sont les villes les plus peuplées ? Shanghai, Beijing, Chongqing, Guangzhou.

Scripts

piste 43

– 我住zhù在北部bù，中国最北的地方dìfang。那里nàli有高gāo山shān。因为很冷lěng，这些山每天都是白色sè的，夏xià天也是白色的，所以叫"长白山"。冬天可以滑雪huáxuě。
– 我家住在西部。有很多山，这些山都很高。有世界shìjiè最高的山，叫喜马拉雅Xǐmǎlāyǎ山shān。我们那里人口kǒu很少，山比人多，城市chéngshì也很少。天气qì很冷，夏天很短duǎn。
– 我住在中部。我们那里人口很多，夏天常常下雨。风景fēngjǐng很漂亮piàoliang，也有熊猫xióngmāo。我家旁边有一条大河hé，叫长江Chángjiāng。它tā是中国最长的河 。
– 我住在南nán部。那里天气一点都不冷，我没看见过下雪，冬dōng天很舒服shūfu。春chūn天天气最不好了因为常常下雨。我家附fù近有一条大河叫珠江Zhūjiāng。

Traduction :
– J'habite dans le Nord, l'endroit le plus au nord de la Chine. Là, il y a de hautes montagnes. Comme il y fait froid, ces montagnes sont toutes blanches, même en été, on les appelle « les montagnes éternellement blanches ». L'hiver, on peut y skier.

– J'habite à l'Ouest. Il y a beaucoup de montagnes, ces montagnes sont très hautes. Ce sont les plus hautes montagnes du monde qui s'appellent l'Himalaya. Chez nous, la population est peu nombreuse, il y a plus de montagnes que d'hommes, les villes aussi sont peu nombreuses. Il fait très froid et l'été est très court.
– J'habite au centre. La population y est très nombreuse, il pleut souvent l'été. Les paysages sont très beaux, il y a des pandas. Près de chez moi il y a un grand fleuve qui s'appelle le Changjiang (le Long Fleuve). C'est le plus long fleuve de Chine.
– J'habite le Sud. Il n'y fait pas froid du tout, je n'ai jamais vu la neige, l'hiver est agréable. Le pire temps est au printemps car il pleut souvent. Près de chez moi, il y a un grand fleuve qui s'appelle le Zhujiang (la rivière des Perles).

19 Comment s'y rendre ? .... p. 58-59

1 La sortie est derrière le temple en haut à droite.

2 **A.** 往wǎng左拐guǎi **B.** 往wǎng右拐guǎi **C.** 往wǎng前走zǒu

3 L'erreur est 过桥qiáo以后，你往wǎng右拐guǎi. Il arrive au temple.

Traduction : La porte du jardin est à côté de la grande maison. Une fois à l'intérieur, va tout droit et au croisement, tourne à gauche ; au deuxième croisement, tourne à droite, passe le pont, et après le pont, tourne à droite. Je t'attendrai derrière les arbres.

4 **A.** 第dì ; **B.** 口，往wǎng ; **C.** 第dì ; **D.** 过 ou 到，走zǒu

Traduction : **A.** La troisième personne à droite est mon professeur. **B.** Après (avoir passé) le croisement, tourne à droite. **C.** Le troisième jour, nous sommes allés / nous irons voir papi Wang. **D.** Après avoir traversé le carrefour / Une fois arrivé au carrefour, va tout droit.

Scripts

piste 45

1. – 你好，我想从花园huāyuán出chū去，我想回huí现代xiàndài世界shìjiè。
– 我不知道zhīdào怎么走zǒu。王Wáng老爷lǎoyé知道。
– 王老爷在哪儿？
– 你往wǎng前qián走，到路lù口，往左拐guǎi。
– 嗯èn，然rán后呢？
– 左拐以后，你往前走，会看到十字zì路口。
– 嗯，好的。
– 你过那个十字路口，还是往前走。在路的左边biān，你会看见假山jiǎshān。你去假山后面miàn，有一个老人。他会告诉gàosù你怎么出chū去。
2. 小明 a trouvé 王老爷yé:
– 你好，你是不是王老爷？
– 我是。
– 我想回现代dài世界shìjiè，请qǐng你告诉我怎么走。
– 你往wǎng前走，到路lù口，往左拐guǎi，还要往前走，你会看见jiàn一个桥qiáo，你过桥以后往右拐，还是往前走，你会看见一个白色báisè的房fáng子，是一个庙miào。从庙的后面，你可以出去。可是，你要在晚上六点以前出去，这很重zhòng要！
– 谢xiè谢你。

Traduction:
1. – Bonjour, je voudrais sortir du jardin et retourner dans le monde moderne.
– Je ne sais pas comment y aller, monsieur Wang le sait.
– Où est monsieur Wang ?
– Vous allez tout droit jusqu'au carrefour, puis vous tournez à gauche.
– Et ensuite ?
– Après avoir tourné à gauche, vous allez tout droit et vous verrez un carrefour.
– D'accord.
– Vous traversez ce carrefour et allez encore tout droit. À gauche de la route, vous verrez une montagne artificielle. Vous allez derrière et là, il y a un vieil homme. Il vous dira comment sortir.
2. Xiaoming a trouvé monsieur Wang :
– Bonjour, êtes-vous monsieur Wang ?
– Oui, c'est moi.
– Je voudrais retourner dans le monde moderne, pouvez-vous me dire comment y aller, s'il vous plait ?
– Vous allez tout droit. Au croisement, vous tournez à gauche, puis allez tout droit. Vous verrez un pont. Après l'avoir passé, tournez à droite et continuez tout droit. Vous verrez une maison blanche, c'est un temple. Vous pourrez sortir derrière le temple. Mais vous devez sortir le soir avant 18 heures, c'est très important !
– Merci.

20 Découvrir Hongkong .... p. 60-61

1 **A.** 就每天去饭馆。**B.** 就去爬pá山看海hǎi。**C.** 就去海边hǎibiān。**D.** 就jiù买很多东西。

Traduction : Dès que j'arrive à Hongkong, **A.** je vais au restaurant tous les jours. **B.** je grimpe sur la montagne pour voir la mer. **C.** je vais au bord de la mer. **D.** je vais acheter plein de choses.

2 **A.** 十点，睡觉shuìjiào。**B.** 一回huí家，就做作业yè。**C.** 你一有空kòng，就打扫sǎo房fáng间。

Traduction : **A.** Dès qu'il est 10 heures, tu dors. **B.** Dès que tu rentres, tu fais tes devoirs. **C.** Dès que tu as du temps, tu balayes ta chambre.

3 Cocher **A.**, **B.**, **E.**, **F.**

Traduction : Cette année, je suis allé à Hongkong, ce n'est pas comme je le pensais. L'ami de mon père habite sur une petite île. À cet endroit, il n'y a pas de grands immeubles, mais beaucoup de petites maisons, d'arbres et, en hiver, tout est vert. C'est très tranquille, il n'y a que des vélos. L'ami de mon père va tous les jours travailler en bateau, c'est amusant. J'ai très envie d'y retourner (encore une fois).

4 A. 说明天再来。 B. 想再去一次香港Xiānggǎng。 C. 想在那儿再住zhù两天。

Traduction : A. Il dit qu'il viendra à nouveau demain. B. Hongkong est une ville intéressante, j'ai envie d'y aller à nouveau. C. Hongkong est agréable, je voudrais y séjourner deux jours de plus.

Scripts

piste 47

你觉jué得香港Xiānggǎng怎么样?
– 香港好吃的东西太多了。我一到香港就jiù每天去饭馆。虽然suīrán有点贵guì，可是太好吃了！
– 我觉得香港很舒服shūfu，天气qì不冷lěng。城市chéngshì很现代dài，也很安全ānquán。海hǎi很近，海边biān很漂亮piàoliang。我一到香港就去海边，夏xià天去游泳yóuyǒng，冬dōng天去散步sànbù。
– 香港很漂亮。风景fēngjǐng很好看，有山有海，也有漂亮的高楼gāolóu。这些高楼都有灯dēng，晚wǎn上也很漂亮。每次cì我一到香港，就去爬pá山看海。
– 香港买东西很方便fāngbian，可以买到很多国外的东西，还有世界shìjiè名牌míngpái，比上海和北京便宜piányi。每次我一到香港，就买很多东西。

Traduction :
– Comment trouvez-vous Hongkong ?
– Il y a beaucoup de bonnes choses à manger. Dès que j'arrive à Hongkong, je vais au restaurant tous les jours. Bien que ce soit un peu cher, c'est tellement bon !
– Je trouve que Hongkong est agréable, il ne fait pas froid. La ville est moderne et sûre. La mer est toute proche, le bord de mer est beau. Dès que j'arrive à Hongkong, je vais sur le rivage. L'été je m'y baigne, l'hiver je m'y promène.
– Hongkong est belle. Les paysages sont beaux, il y a la montagne et la mer, il y a aussi de belles tours. Ces tours sont illuminées le soir, c'est très joli. Chaque fois que j'arrive, je vais sur la montagne regarder la mer.
– À Hongkong, c'est très pratique de faire des courses, on peut y acheter beaucoup de choses qui viennent de l'étranger, les grandes marques internationales y sont moins chères qu'à Shanghai ou Beijing. Chaque fois que j'arrive à Hongkong, je fais beaucoup d'achats.

21 *Visiter Xi'An* .... p. 62-63

1 A. 这么有名míng / 有点儿远 / 很大；B. 很多 / 古gǔ老；C. 很多 / 古老 / 很漂亮piàoliang；D. 非fēi常大；E. 很多 / 古gǔ老；F. 又好吃又便宜piányi / 很有名

Traduction : A. L'armée des Soldats de terre cuite est : tellement célèbre, un peu loin, vaste ; B. Les sites touristiques sont : nombreux, anciens ; C. Les maisons sont : nombreuses, anciennes, jolies ; D. Le musée est : très grand ; E. Les rues sont : nombreuses, anciennes ; F. Les repas légers sont : à la fois bons et peu chers, réputés.

2 A.-4. ; B.-5. ; C.-2. ; D.-1. ; E.-3.

Traduction : A. Ce plat 4. est à la fois cher et mauvais. B. Son petit ami 5. est à la fois intelligent et beau. C. Ce film 2. est à la fois ennuyeux et long. D. Cette maison est 1. à la fois ancienne et confortable. E. Aujourd'hui, 3. j'ai froid et je suis fatigué.

3 3-5-1-6-2-4

Traduction : Au mois d'octobre de cette année, je suis allée en voyage à Xi'an.
Le site de l'Armée enterrée est très grand, j'ai beaucoup marché et ça m'a fatiguée. / Les troisième et quatrième jours, nous avons visité le centre-ville. Autrefois, Xi'an a été la capitale de la Chine, les sites anciens y sont donc nombreux. / Le premier jour, je suis allée voir l'armée des Soldats de terre cuite. / Le dernier jour, nous avons visité le musée, il y avait beaucoup de belles choses à voir, c'était intéressant. / Comme l'Armée enterrée est célèbre dans le monde entier, donc j'y suis allée en premier. / Comme j'étais fatiguée le premier jour, donc je n'ai pas fait de visite le deuxième jour ; le matin je me suis reposée, l'après-midi, j'ai mangé beaucoup de petits plats.

4 A. 东西，西部bù；B. 有名，有意思yìsi；C. 中国，中文wén，中部bù；市中心xīn；D. 好吃，难nán吃，小吃，吃饭；E. 最好，最后；F. 景jǐng点，一点儿 ou 有点儿

Traduction des réponses : A. chose, Ouest ; B. célèbre, intéressant (amusant) ; C. Chine, chinois, centre, centre-ville ; D. bon (à manger), mauvais, petits plats, manger, E. le mieux, enfin F. site touristique, un peu.

Scripts

piste 49

– 小云yún，假jià期你想不想来西安Xī'ān玩?
– 小文wén，想啊a。我想去看兵马俑bīngmǎyǒng。这么有名，我还没有去过。
– 兵马俑不在市中心xīn，在西安旁边páng biān。
– 去兵马俑方便fāngbiàn吗?
– 很方便，有很多大巴bā去那里。你需要xūyào一天，因为兵马俑有点儿远也很大。
– 除chú了兵马俑，西安还有什么地方dìfang好玩儿?
– 西安的市中心有很多古gǔ老的景jǐng点。你知道zhīdào西安是非fēi常古老的城chéng市，有过很多皇帝huángdì，所以有很多古老的房fáng子，很漂亮piàoliang。西安的博物馆bówùguǎn也非常大，你应该yīnggāi去看看。

– 在市中心玩儿，方便吗？
– 很方便，可以骑qí自行zìxíng车，有很多古老的街jiē。
– 你们那里吃得怎么样？如果没有好吃的东西，那nà我不想来。
– 西安有很多小吃，又好吃又便宜piányi。这里lǐ的小吃很有名。你每天都可以吃不一样的东西。
– 哇，那辣là不辣？我不能吃辣。
– 有的辣，有的不辣。哦ò，最好秋qiū天来，因为夏xià天人太多了。
– 好。Byebye.

Traduction :

– Xiao Yun, as-tu envie de venir t'amuser à Xi'an pendant les vacances ?

– Oui, je voudrais aller voir l'armée des Soldats de terre cuite. Elle est tellement célèbre et je n'y suis jamais allée.

– L'Armée enterrée n'est pas dans le centre-ville, mais aux alentours de Xi'an.

– C'est pratique pour y aller ?

– Oui, beaucoup de cars y vont. Tu auras besoin d'une journée, parce que c'est un peu loin et c'est très grand.

– En dehors de l'Armée enterrée, y a-t-il encore d'autres endroits sympas à Xi'an ?

– Il y a beaucoup de sites anciens dans le centre-ville. Tu sais que Xi'an est une ville très ancienne, où il y a eu beaucoup d'empereurs. C'est pourquoi il y a beaucoup de vieilles maisons, c'est joli. Le musée de Xi'an est aussi très grand, tu devrais le visiter.

– On peut visiter facilement le centre-ville ?

– C'est pratique, on peut faire du vélo, il y a beaucoup de vieilles rues.

– Qu'est-ce que vous mangez de bon ? S'il n'y a rien de bon, je ne viens pas.

– À Xi'an il y a beaucoup de petits plats, à la fois bons et pas chers. Ils sont célèbres et tu peux manger des choses différentes chaque jour.

– C'est épicé ? Je ne peux pas manger épicé.

– Certains plats le sont, d'autres non. Le mieux c'est que tu viennes en automne, car en été il y a trop de monde.

– D'accord, byebye.

22 Le grand test! .... p. 64-65

1 A. 因为 ; B. 还是 ; C. 怎么样 ; D. 从来 ; E. 不管guǎn ; F. 让ràng ; G. 哪 ; H. 除chú了 ; I. 越yuè来越 ; J. 一……就jiù ; K. 第dì ; L. 如果

Traduction : A. Je n'ai pas envie de sortir parce qu'il fait trop froid dehors. B. Tu veux acheter le pull rouge ou le blanc ? C. Comment est cette maison ? D. Elle n'est jamais allée en Chine. E. Quoi que je dise, tu dis toujours que ce n'est pas bien. F. Mes parents ne me laissent pas sortir le soir. G. Quelle maison préfères-tu ? H. À part elle, nous avons tous envie d'aller à Shanghai. I. La population de Shanghai est de plus en plus importante. J. Dès que j'arrive à Shanghai, je vais voir mes amis. K. Le lendemain (le deuxième jour), nous avons pris (prendrons) des repas légers. L. S'il pleut demain, je n'irai pas faire des courses.

2 A. 很热 ; B. 很生气qì ; C. 很古gǔ老 ; D. 很有名 ; E. 很漂亮piàoliang ; F. 很帅shuài

Traduction : A. Aujourd'hui, il fait chaud. B. Elle s'est disputée avec son ami(e), elle est fâchée. C. La ville de Xi'an est ancienne. D. L'armée des Soldats de terre cuite est célèbre dans le monde entier. E. Les paysages de Hongkong sont jolis. F. Son petit ami est beau.

3 A.-4. ; B.-5. ; C.-1. ; D.-8. ; E.-3. ; F.-7. ; G.-6. ; H.-2.

Traduction : A. C'est plus que « parfois », mais ce n'est pas tous les jours. 4. Souvent ; B. S'amuser avec beaucoup d'amis le soir. 5. Soirée ; C. Il dit qu'il n'a pas le temps, mais il en a. 1. Mentir ; D. Ne pas vouloir donner ses affaires à ses amis. 8. Égoïste ; E. Un garçon et une fille qui sont souvent ensemble. 3. Être amoureux / flirter ; F. Dire quelque chose à quelqu'un. 7. Dire à ; G. Un endroit où il y a beaucoup d'habitations et de monde. 6. La ville ; H. Un endroit dans lequel habitent beaucoup de personnes et qui est très haut. 2. Un immeuble.

La calligraphie

La calligraphie, c'est l'écriture transformée en art.

Traditionnellement, la calligraphie chinoise était réservée aux lettrés, qui avaient le privilège de suivre des études classiques. Elle existe depuis plusieurs milliers d'années, au cours desquels se sont développés de **nombreux styles différents.**

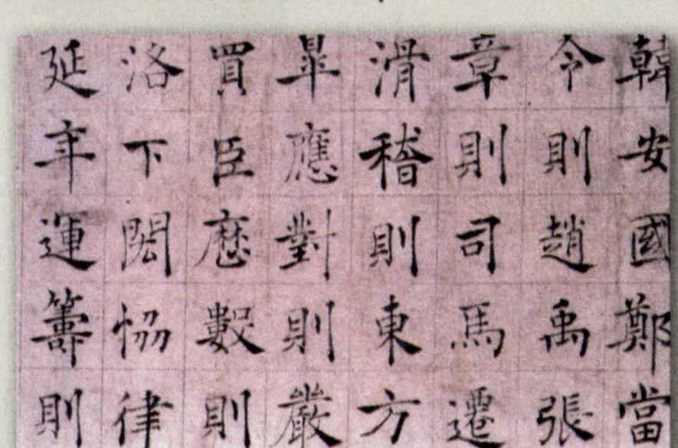

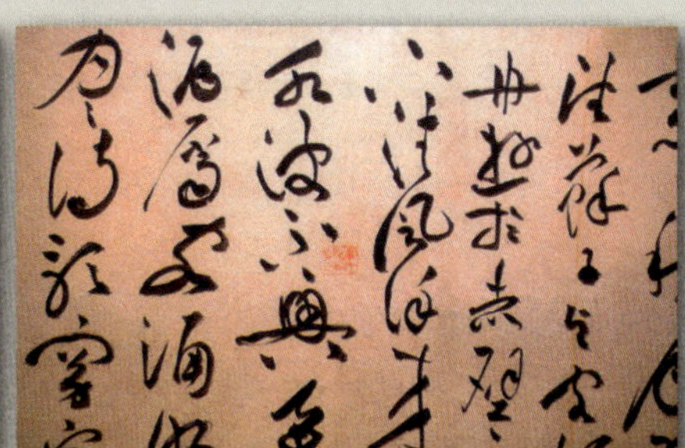

Cette discipline obéit à des **règles très précises.** S'il est indispensable de connaître parfaitement l'ordre et le sens des traits qui composent les caractères, il faut aussi apprendre à maîtriser le maniement du pinceau et à bien respirer pour acquérir la fluidité du geste.

Le matériel du calligraphe est désigné sous le nom de « **quatre trésors du cabinet du lettré** ». Il s'agit du pinceau, du papier, de l'encre et de la pierre à encre.

Le pinceau est fait de poils doux de chèvre, ou de poils raides de belette ou de lièvre, fixés à un manche de bambou. **Le papier de riz** utilisé peut être d'épaisseur et de résistance différentes selon l'effet recherché. On peut aussi calligraphier sur **de la soie**, qui est elle aussi très absorbante. **L'encre,** faite d'un mélange de suie et de résine, se présente sous forme de bâtonnets secs que l'on frotte sur **une pierre spéciale** avec de l'eau pour obtenir une consistance plus ou moins épaisse.

Les écoliers chinois apprennent à calligraphier les caractères aussi bien avec un pinceau qu'avec un stylo bille ou un style à plume.

15 十五 Après le lycée... 以后的日子

1 École buissonnière 37

Écoutez la conversation entre Lǐ Tiān et Wáng Yuè, puis numérotez les phrases dans leur ordre d'apparition.

A. ◯ Même si c'est interdit, elle doit quand même y aller.

B. ◯ Sa mère espère qu'elle sera admise dans une bonne université.

C. ◯ Wang Yue ne peut pas sortir avec Li Tian car elle est occupée.

D. ◯ Li Tian demande à Wang Yue si elle veut aller au cinéma avec lui demain.

E. ◯ Wang Yue va suivre un cours d'anglais au café car il est désormais interdit de donner des cours de rattrapage à l'école durant l'été.

GRAMMAIRE

虽然……，可是…… *suīrán... kěshì...* signifient « bien que..., mais... » et exprime une concession. 虽然 se place en tête de la première proposition, 可是 au début de la deuxième. **还 *hái* ou 还是 (quand même) peut apparaître dans la deuxième partie de la phrase.**

虽然天气不好，可是我还要出去。 **Bien qu'**il fasse mauvais, je dois **quand même** sortir.

2 Le bon choix !

Reliez chaque début de message à la fin qui convient.

A. 虽然我非常累 (lèi)

B. 她父母不让她出去 (chū)

C. 虽然他学习很好 (xí)

D. 我太累了

1. 所以我想睡觉。 (shuìjiào)

2. 可是父母还是要管他。 (guǎn)

3. 可是我还要出去。

4. 因为她作业没做完。 (yè, wán)

LEXIQUE 36

逛街 guàngjiē faire les magasins

咖啡馆 kāfēiguǎn café *(lieu)*

暑假 shǔjià vacances d'été

不准 bùzhǔn interdire

补课 bǔkè suivre des cours de rattrapage

没办法 méi bànfǎ n'y rien pouvoir

虽然 suīrán bien que

可怜 kělián à plaindre

大学 dàxué université

日子 rìzi jours

非常 fēicháng très

谈恋爱 tán liàn'ài flirter

3 Tout ira mieux après !

Sur un blog, des jeunes racontent leurs désillusions à propos de la vie étudiante loin des parents. Lisez leurs messages et cochez les dessins qui correspondent à leurs déceptions.

A. ☐ 

B. ☐ 

C. ☐ 

D. ☐ 

你们觉得中学很苦，上大学以后好日子就来了？
juéde kǔ jiù

中学生觉得大学里	大学生自己觉得
父母不在，可以玩电脑玩到早上。 nǎo zǎo	学校晚上没有电，只能睡觉和聊天。 xiào wǎn néng shuìjiào liáo
没有妈妈在旁边让我吃吃吃。 pángbiān	学校的饭太难吃，非常想吃妈妈做的菜。 nán cài
上大学以后就可以谈恋爱了！	我也想谈恋爱，可是没钱给她买礼物。 qián lǐwù

GRAMMAIRE

En chinois, **le nom dont on parle (déterminé) est après la particule 的 *(de)*, ce que l'on précise dessus (déterminant) est avant,** à l'inverse du français.

déterminant + 的 + déterminé

我很想吃妈妈做 的 饭。

J'ai très envie de manger **les plats que fait ma mère.**

4 2 en 1

Combinez les deux phrases en utilisant la structure « déterminant 的 déterminé ».

Exemple : 我买东西。东西是书。→ 我买的东西是书。

A. 她吃菜。菜很好吃。 ☐☐☐☐☐☐☐☐
cài

B. 她买礼物。礼物很贵。 ☐☐☐☐☐☐☐☐
guì

Composition des caractères

只	zhǐ	只	只	只	只	只	只	只	只	只	只	只	只
法	fǎ	法	法	法	法	法	法	法	法	法	法	法	法
馆	guǎn	馆	馆	馆	馆	馆	馆	馆	馆	馆	馆	馆	馆

Entraînez-vous sur la grille d'écriture p. 71.

16 十六 Le Nouvel An chinois 春节

LEXIQUE 38

- 饺子 jiǎozi — ravioli
- 运气 yùnqi — chance
- 留下 liúxià — garder
- 收到 shōudào — recevoir
- 红包 hóngbāo — enveloppe rouge
- 千 qiān — mille
- 野兽 yěshòu — animal sauvage
- 它 tā — il / elle *(neutre)*
- 怕 pà — avoir peur
- 响声 xiǎngshēng — bruit
- 放 fàng — poser
- 一些 yīxiē — quelques
- 吓跑 xiàpǎo — s'enfuir de peur

1 Les aliments symboliques

À la fête du Printemps, les Chinois mangent certains aliments qui symbolisent un souhait tout en récitant des formules traditionnelles. Déduisez ce que symbolise chaque aliment en reliant chaque dessin à une phrase. Aidez-vous de la prononciation ou de certains éléments des caractères.

1. 桔子 jú

2. 苹果 píngguǒ

3. 莲子 liánzǐ (graine de lotus)

4. 鱼 yú

5. 饺子 jiǎo

A. 连生贵子：有很多孩子 (lián … guì) ◯

B. 交好运：会有好运气 (jiāo … yùn) ◯

C. 年年有余：每年都留下很多钱 (yú … qián) ◯

D. 大吉大利：运气非常好 (jí … lì … fēi) ◯

E. 平平安安：没有不好的事情 (píng … ān … shìqing) ◯

2 Fabrique de mots

Ajoutez un caractère (ou le pinyin si nécessaire) pour former un mot que vous avez appris dans cette séquence ou les précédentes.

1. 饺 ☐
2. 留 ☐
3. 一 ☐
4. 大 ☐
5. 非 ☐
6. ☐ 怜 (lian)
7. 日 ☐
8. ☐ 包

3 Les enveloppes rouges 39

Dàwěi et Mǎ Lì discutent des « hóngbāo » qu'ils ont reçues à l'occasion du Nouvel An chinois. Écoutez la conversation et cochez les bonnes réponses.

A. Ils ont reçu : ☐ 1 000 yuans ☐ 2 000 yuans ☐ 3 000 yuans ☐ 4 000 yuans.

B. Ils ont reçu : ☐ 2 ☐ 3 ☐ 4 ☐ 5 ☐ 6 ☐ 7 ☐ 8 hóngbāo.

C. Ils vont acheter : ☐ un téléphone portable ☐ un ordinateur ☐ des vêtements ☐ rien.

Réécoutez la conversation et numérotez dans l'ordre les dessins de l'histoire de 年.

A. ....

B. ....

C. ....

D. ....

GRAMMAIRE

Le résultatif permet d'exprimer le résultat d'une action. La structure est composée de **deux verbes inséparables :**

verbe 1 + verbe 2 indiquant le résultat de l'action du verbe 1

我说完了。 J'ai **fini de parler.** (parler + finir)

L'objet se place après les deux verbes.

我收到了很多红包。 J'ai **reçu** beaucoup d'enveloppes rouges. (recevoir + arriver)

4 Une oreille affûtée ! 39

Réécoutez la piste 39 et écrivez en caractères (ou en pinyin si nécessaire) les verbes résultatifs composés avec 到 entendus dans le dialogue, puis traduisez-les.

1. ☐☐ ....

2. ☐☐ ....

3. ☐☐ ....

Composition des caractères

千	qiān	千	千	千	千								

包	bāo	包	包	包	包	包	

些	xiē	些	些	些	些	些	些	些	些	些	些	些	些
放	fàng	放	放	放	放	放	放	放	放	放	放	放	放

Entraînez-vous sur la grille d'écriture p. 71.

17 十七 Que fête-t-on ? 中国节日

LEXIQUE 40

节(日) jié(rì)
(jour de) fête

除了 chúle
excepté

古老 gǔlǎo
ancien

讲故事
jiǎng gùshi
raconter des histoires

比如 bǐrú
par exemple

月亮 yuèliang
lune

诗人 shīrén
poète

特别 tèbié
particulier

月饼 yuèbǐng
gâteau de lune

贺卡 hèkǎ
carte de vœux

圣诞节
Shèngdànjié
Noël

越来越
yuèláiyuè
de plus en plus

1 Les traditions 41

Écoutez la présentation des fêtes traditionnelles chinoises, puis cochez la bonne réponse dans les phrases ci-dessous.

A. 中秋节中国人吃
(qiū)
☐ 饺子 (jiǎo) ☐ 月饼[1] ☐ 粽子[2] (zòng) ☐ 鱼。(yú)

B. 过节的时候，大人喜欢给孩子们
(hòu)
☐ 买礼物 (lǐwù) ☐ 买衣服 (fú) ☐ 讲故事。

C. 过端午节的时候，大人会讲
(Duānwǔ)
☐ 嫦娥的故事 (Cháng'é) ☐ 屈原[3]的故事 (Qū Yuán) ☐ 年的故事。

D. 嫦娥[4] ☐ 是一个野兽 (yěshòu) ☐ 是一个诗人 ☐ 住在月亮上。(zhù)

GRAMMAIRE

除了 ***chúle*** signifie « excepté, en dehors de.. » :

除了他们三个人，我们都想看电影。

En dehors d'eux trois, nous voulons tous regarder un film.

除了 peut aussi être utilisé avec 还 ***hái*** « aussi » :

除了 + élément 1 + 还 + élément 2 (en général une proposition)

除了 水果，我 还 买了月饼。

En dehors des fruits, j'ai aussi acheté des gâteaux de lune.

2 En chinois, c'est comme ça !

Traduisez les phrases suivantes en caractères, ou en pinyin si nécessaire.

A. À part lui, nous avons tous envie de manger des raviolis.

B. À part Beijing, je suis aussi allé à Shanghai.

C. En dehors de la lecture, j'aime aussi regarder des films.

3 Au-delà des traditions

Complétez le descriptif avec les trois noms de fête et donnez leur sens en français.

除了古老的节日，还有：

国庆节 (qìng) : .... 儿童节 (értóng) : .... 教师节 (jiàoshī) : ....

A. ☐☐☐ 是老师 (lǎoshī) 的节日，是九月十日。学生会给老师写 (xiě) 贺卡。

B. ☐☐☐ 是十月一日，因为一九四九年十月一日有了现 (xiàn) 在的中国。

C. ☐☐☐ 是六月一日，孩子们最高兴 (gāoxìng) 因为是他们的节日。

越来越多的中国人喜欢过欧洲 (Ōuzhōu) 的节日，比如圣诞节。

GRAMMAIRE

越来越 *yuèláiyuè* signifie « de plus en plus » et se place avant un verbe.
天气越来越热。Le temps est **de plus en plus** chaud.

4 Le bon choix

Complétez les phrases avec l'expression qui convient. Écrivez en pinyin si nécessaire.

越来越 | 虽然……可是 | 不管……都不 | 这么多

A. 夏 (xià) 天海边 (biān) 有 ☐☐☐ 人。

B. ☐☐ 你什么时候 (hou) 来，☐☐ 可以。

C. 我 ☐☐☐ 想看这个电影 (yǐng)。

D. ☐☐ 天气 (qì) 不好，☐☐ 我还要出 (chū) 去。

Composition des caractères

事 shì

节 jié

古 gǔ

老 lǎo

Entraînez-vous sur la grille d'écriture p. 71.

18 十八 C'est la Chine ! 中国

LEXIQUE 42

- 地方 dìfang
  endroit
- 东部 dōngbù
  est
- 北部 běibù
  nord
- 中部 zhōngbù
  centre
- 些 xiē
  classificateur du pluriel
- 世界 shìjiè
  monde
- 人口 rénkǒu
  population
- 城市 chéngshì
  ville
- 河 hé
  fleuve, rivière
- 舒服 shūfu
  agréable
- 之一 zhīyī
  un des
- 米 mǐ
  riz
- 面条 miàntiáo
  nouilles
- 辣 là
  pimenté

1 Des montagnes et des fleuves 43

Écoutez les descriptions de quatre régions puis placez les noms des fleuves et des montagnes sur la carte. Indiquez aussi l'endroit où vivent les pandas.

A. 长江 Chángjiāng
B. 珠江 Zhūjiāng
C. 长白山 Chángbáishān
D. 喜马拉雅山 Xǐmǎlāyǎshān
E.  xióngmāo

GRAMMAIRE

些 *xiē* est le classificateur du pluriel indéfini, il peut être utilisé avec tous les noms.

这些城市都很大。 Ces villes sont toutes grandes.

2 Des villes

Lisez les descriptions, regardez la carte et écrivez en pinyin le nom de la ville concernée.

A. 在海边，是中国最大的城市之一。我们喜欢吃米饭，不常吃面条。 ....
biān

B. 我的城市人口很多，不在北部，我们吃得很辣。 ....

C. 我家在西部，夏天非常热，天天有太阳。那里的水果最好吃。 ....
xià fēi yáng

3 Fabrique de phrases

Choisissez un mot ou une expression dans chaque colonne pour fabriquer une phrase avec 之一 d'après l'exemple donné en grammaire.

A.	珠江	最好看的	包
B.	长白山	中国最大的	山
C.	这个包	最高的	河

GRAMMAIRE

之一 *zhīyī* signifie « l'un des… » et se place après le nom sur lequel il porte.
Il s'utilise souvent avec 最.

nom + 之一

上海是最大的城市之一。

Shanghai est **l'une des** plus grandes villes.

A. ☐☐☐☐☐☐☐☐☐☐☐☐

B. ☐☐☐☐☐☐☐☐☐☐☐

C. ☐☐☐☐☐☐☐☐☐☐☐☐

4 La Chine en 4 questions

Répondez aux questions en vous appuyant sur la carte et les enregistrements.

A. 中国哪个地方人口很少？ ☐☐

B. 看熊猫要去中国哪个地方？ ☐☐
xióngmāo

C. 中国哪个地方从来不下雪？ ☐☐
xuě

D. 哪些城市人口最多？ ☐☐ ☐☐ ☐☐ ☐☐

Composition des caractères

东 dōng

山 shān

米 mǐ

地 dì

Entraînez-vous sur la grille d'écriture p. 72.

19 十九 Comment s'y rendre ? 怎么走

1 Labyrinthe au jardin 45

Xiǎomíng a remonté le temps et se retrouve dans un jardin traditionnel chinois. Écoutez les conversations et aidez-le à trouver la sortie en traçant son parcours sur le dessin.

Aide : 假山 jiǎshān : montagne artificielle de rochers ; 桥 qiáo : pont ; 老爷 lǎoyé : monsieur

LEXIQUE 44

现代 xiàndài
moderne

往 wǎng
vers

往前走
wǎngqiánzǒu
aller tout droit

路口 lùkǒu
croisement

拐 guǎi
tourner

过 guò
traverser

十字路口
shízì lùkǒu
carrefour

还是 háishì
toujours

老人 lǎorén
vieil homme

树 shù
arbre

第 dì
marque des nombres ordinaux

庙 miào
temple

GRAMMAIRE

往 *wǎng* signifie « vers » et est suivi d'un lieu ou d'une direction. Il se place toujours avant le verbe.

往 + lieu / direction + verbe

往 前 走。 Marche **droit devant**.

2 La bonne direction

Écrivez en caractères, ou en pinyin, les indications que donnent ces panneaux.

A. ☐☐☐

B. ☐☐☐

C. ☐☐☐

3 Rendez-vous manqué !

Yīngying a indiqué à Wángshēng le chemin pour la rejoindre au bosquet du jardin (de la page de gauche), mais elle s'est trompée dans le parcours. Lisez son message et surlignez son erreur, puis trouvez à quel endroit arrive le jeune garçon.

王生

花园[1]的门在大房子旁边[2]。

到了里面，你往前走[3]，到路口往左拐。到第二个路口往右拐，过桥[4]，过桥以后，你往右拐，我在树后面[5]等[6]你。

英英

Attention, les anciens écrivaient verticalement et de droite à gauche !

Aide : 1 huāyuán 2 pángbiān 3 zǒu 4 qiáo : pont 5 miàn 6 děng

王生 arrive : ....

GRAMMAIRE

第 *dì* permet de transformer un chiffre en « premier, deuxième... ». Il est suivi d'un classificateur.

第 + chiffre + classificateur + nom

第 二 个 路口。

Le deuxième croisement.

Attention, avec des mots comme 天, 年 ou 次 *cì*, on n'utilise pas de classificateur.

第二次。 **La deuxième** fois.

4 Phrases à trous

Écrivez en caractères, ou en pinyin si nécessaire, le ou les mot(s) qui manque(nt) dans chaque phrase.

A. 右边的 ☐ 三个人是我的老师。 (biān ; lǎoshī)

B. 过路 ☐ 以后，你 ☐ 右拐。

C. ☐ 三天我们去看王爷爷。 (yé)

D. ☐ 十字路口以后，你往前 ☐。

Composition des caractères

现	xiàn	现	现	现	现	现	现	现	现	现	现	现	现
过	guò	过	过	过	过	过	过	过	过	过	过	过	过
前	qián	前	前	前	前	前	前	前	前	前	前	前	前

Entraînez-vous sur la grille d'écriture p. 72.

20 二十 Découvrir Hongkong 香港

LEXIQUE 46

香港 Xiānggǎng
Hongkong

一……就
yī…jiù…
dès que…

散步 sànbù
se promener

高楼 gāolóu
tour, immeuble

灯 dēng
lampe

名牌 míngpái
de marque

安静 ānjìng
calme

船 chuán
bateau

再 zài
à nouveau

1 Hongkong, c'est comment ? 47

Écoutez le micro-trottoir sur Hongkong et complétez les réponses en vous appuyant sur les photos et ce que dit chaque personne.

我一到香港

A. ______________。

C. ______________。

B. ______________。

D. ______________。

GRAMMAIRE

一……，就…… *yī… jiù…* signifient « dès que… » et indiquent que deux actions se suivent immédiatement.

sujet + 一 + proposition, 就 + proposition

我 一 到香港，就 去看我的朋友。

Dès que j'arrive à Hong Kong, je vais voir mes amis.

2 Les bonnes habitudes !

Complétez les conseils donnés par la mère de Xiǎomíng en utilisant la structure 一……就.

A. 到十点  一到 ______，你就 ______。

B. 回家 huí  你 ______，______。

C. 有空 kòng  ______，______。

3 Ça aussi, c'est Hongkong !

Dàwěi est allé chez un ami de son père à Hongkong et donne ses impressions dans un mail. Cochez les photos qui correspondent à son récit.

今年我去了香港，和我想的不一
样。我爸爸的朋友住在一个小岛*上。
bà
那里没有高楼，有很多小房子，有很
fáng
多树，冬天都是绿色的。那里很安静，
shù dōng lùsè
只有自行车。爸爸的朋友每天都坐船
zìxíng zuò
去工作，很好玩儿。我很想再去一次。
cì

A. ☐

D. ☐

B. ☐

E. ☐

C. ☐

F. ☐

*岛 dǎo : île

4 Transformation de phrases

Réécrivez les phrases suivantes en introduisant 再.

A. 他说明天来。→ 他 ☐☐☐☐☐☐

B. 香港这个城市很有意思。我想去一次香港。
yìsi cì
→ 我 ☐☐☐☐☐☐☐☐

C. 香港很舒服。我想在那儿住两天。
shūfu
→ 我 ☐☐☐☐☐☐☐☐☐

GRAMMAIRE

再 ***zài*** **signifie « à nouveau, encore » et indique qu'une action se répète ou va être menée plus loin. Il se place avant le verbe sur lequel il porte.**

我想 再 去 一次。
J'ai envie d'y **aller à nouveau.**

我想 再 买 一个。
J'ai envie d'en **acheter encore** un autre.

Composition des caractères

再	zài	再	再	再	再	再	再	再	再	再	再	再	再
高	gāo	高	高	高	高	高	高	高	高	高	高	高	高
就	jiù	就	就	就	就	就	就	就	就	就	就	就	就

Entraînez-vous sur la grille d'écriture p. 73.

21 二十一 Visiter Xi'an 西安

LEXIQUE 48

西安 Xī'ān
Xi'an

有名 yǒumíng
célèbre

市中心
shìzhōngxīn
centre-ville

需要 xūyào
nécessiter

景点 jǐngdiǎn
site touristique

皇帝 huángdì
empereur

街 jiē
rue

小吃 xiǎochī
repas léger
(et peu coûteux)

又……又……
yòu… yòu…
à la fois

有的 yǒude
certains

首都 shǒudū
capitale

最后 zuìhòu
dernier

1 Séjour à Xi'an 49

Xiǎowén téléphone à Xiǎoyún pour l'inviter à visiter Xī'ān. Écoutez et écrivez en caractères (ou en pinyin si nécessaire) un ou deux qualificatif(s) attribué(s) aux mots suivants.

A. 兵马俑 (armée des Soldats de terre cuite) :
Bīngmǎyǒng

B. 景点:

C. 房子:
fáng

D. 博物馆 :
bówùguǎn

E. 街:

F. 小吃:

GRAMMAIRE

La répétition 又…… 又…… *yòu… yòu…* exprime qu'une chose a deux propriétés.
这个菜又好吃又不贵。
Ce plat est **à la fois** bon **et** pas cher.

2 Le bon choix !

Reliez le début de chaque phrase à la fin qui correspond.

A. 这个菜 (cài) ● ● 1. 又古老又舒服。(shūfu)

B. 她的男朋友 (nán) ● ● 2. 又无聊又长。(wúliáo cháng)

C. 这个电影 (yǐng) ● ● 3. 又冷又累。(lěng lèi)

D. 这个房子 (fáng) ● ● 4. 又贵又难吃。(guì nán)

E. 我今天 (jīn) ● ● 5. 又聪明又帅。(cōngming shuài)

3 Le fil de l'histoire

Xiǎoyún a pris des notes sur son voyage à Xī'ān, mais les phrases sont dans le désordre. Numérotez-les dans l'ordre chronologique.

今年十月，我去西安旅游(lǚyóu)了。

哇(wà)，兵马俑景点太大了，我走得(zǒu de)很累(lèi)。第(dì)三和第四天，我们在市中心参观(cānguān)。西安以前(qián)是中国首都，有很多古老的景点。我第一天就去了兵马俑。最后一天，我参观了博物馆，有很多好看的东西，很有意思(yìsi)。因为兵马俑在世界(shìjiè)上都很有名，所以第一个去。第一天很累，所以第二天没有参观，上午休息(xiūxi)，下午吃了很多小吃。

4 Le bon mot

Écrivez les mots que vous connaissez avec les caractères suivants. Utilisez le pinyin si nécessaire.

A. 西

B. 有

C. 中

D. 吃

E. 最

F. 点 (heure exclue)

Composition des caractères

街	jiē	街	街	街	街	街	街	街	街	街	街	街	街
名	míng	名	名	名	名	名	名	名	名	名	名	名	名
市	shì	市	市	市	市	市	市	市	市	市	市	市	市

Entraînez-vous sur la grille d'écriture p. 73.

22 二十二 Le grand test ! 复习一下！

1 Des trous à combler

Cochez le mot qui convient pour compléter les phrases suivantes (12 points).

A. 我不想出去………外面太冷。 (miàn lěng)	☐ 所以	☐ 因为
B. 你要买红毛衣………白毛衣？	☐ 还是	☐ 或者
C. 这个房子………？ (fáng)	☐ 怎么样	☐ 然后 (rán)
D. 她………没去过中国。	☐ 如果	☐ 从来
E. ………我说什么，你都说不好。	☐ 不管 (guǎn)	☐ 因为
F. 父母晚上不………我出去。 (wǎn)	☐ 会	☐ 让 (ràng)
G. 你最喜欢………个房子？	☐ 一样	☐ 哪
H. ………她，我们都想去上海。	☐ 除了 (chú)	☐ 这么
I. 上海的人口………多。	☐ 一点儿	☐ 越来越 (yuè)
J. 我………到上海………去看我朋友。	☐ 一……就 (jiù)	☐ 完……以后 (wán)
K. ………二天我们吃小吃。	☐ 比	☐ 第 (dì)
L. ………明天下雨，我不去买东西。	☐ 如果	☐ 再

→ Attribuez un point par bonne réponse. Vous avez obtenu : ……… points.

RÉSULTATS

Si vous avez obtenu :
- entre 10 points et 12 points : BRAVO ! Vous êtes un champion de la grammaire chinoise !
- entre 6 points et 9 points : PAS MAL. En revoyant certains points, ce sera encore mieux.
- moins de 6 points : PAS DE PANIQUE ! Gommez vos réponses, révisez bien et recommencez dans quelques jours.

2 Le bon choix

Attribuez un qualificatif à chaque phrase en vous appuyant sur le contenu des leçons. Attention, chaque qualificatif ne peut être utilisé qu'une seule fois (6 points).

很漂亮 piàoliang
很有名
很生气 qì
很古老
很热
很帅 shuài

A. 今天天气 ☐☐。

B. 她跟朋友吵架了，她 ☐☐☐。
gēn chǎojià

C. 西安这个城市 ☐☐☐。
ān chéng

D. 兵马俑在世界上 ☐☐☐。
bīngmǎyǒng shìjiè

E. 香港的风景 ☐☐☐。
Xiānggǎng fēngjǐng

F. 她的男朋友 ☐☐。
nán

→ Attribuez un point par bonne réponse. Vous avez obtenu : .... points.

3 Le sens des mots

Reliez chaque mot à sa définition (8 points).

A. 比“有时”多，不是每天。 ●	● 1. 说谎 huǎng
B. 晚上跟很多朋友在一起玩。 gēn qǐ ●	● 2. 高楼 gāolóu
C. 他说他没空，可是他有空。 kòng ●	● 3. 谈恋爱 tán liàn
D. 不想给朋友他的东西。 ●	● 4. 常常
E. 一个女孩和一个男孩常常在一起。 nán ●	● 5. 晚会 wǎn
F. 跟一个人说一个事情。 shìqíng ●	● 6. 城市
G. 有很多房子也有很多人的地方。 fāng ●	● 7. 告诉 gàosu
H. 里面有很多人住，很高。 lǐmian zhù ●	● 8. 自私 zìsī

→ Attribuez un point par bonne réponse. Vous avez obtenu : .... points.

RÉSULTATS

Additionnez les points que vous avez obtenus aux exercices 2 et 3. Si vous avez obtenu :
- entre 11 et 14 points : BRAVO ! Vous êtes un champion du lexique !
- entre 7 et 10 points : PAS MAL ! En révisant un peu, ce sera encore mieux !
- moins de 7 points : PAS DE PANIQUE ! Gommez vos réponses, révisez bien et recommencez dans quelques jours.

Atelier d'écriture

来	lái	venir	来	来	来	来	来	来	来	来	来	来	来	来
朋	péng	ami	朋	朋	朋	朋	朋	朋	朋	朋	朋	朋	朋	朋
友	yǒu	amitié	友	友	友	友	友	友	友	友	友	友	友	友
电	diàn	électricité	电	电	电	电	电	电	电	电	电	电	电	电
说	shuō	dire, parler	说	说	说	说	说	说	说	说	说	说	说	说
常	cháng	souvent	常	常	常	常	常	常	常	常	常	常	常	常
生	shēng	naître	生	生	生	生	生	生	生	生	生	生	生	生
用	yòng	utiliser	用	用	用	用	用	用	用	用	用	用	用	用
少	shǎo	peu	少	少	少	少	少	少	少	少	少	少	少	少

Atelier d'écriture

给	gěi	donner, à
会	huì	savoir faire, probablement
还	hái	encore
可	kě	pouvoir
毛	máo	poil
衣	yī	vêtement
钱	qián	argent
所	suǒ	cf. 所以
热	rè	chaud

Atelier d'écriture

雨	yǔ	pluie
想	xiǎng	penser, souhaiter
如	rú	comme si, égaler
果	guǒ	fruit
家	jiā	famille
西	xī	ouest
北	běi	nord
外	wài	étranger, extérieur
买	mǎi	acheter

做	zuò	faire	做 做 做 做 做 做 做 做 做 做 做 做
打	dǎ	battre, donner un coup	打 打 打 打 打 打 打 打 打 打 打 打
菜	cài	légume, plat	菜 菜 菜 菜 菜 菜 菜 菜 菜 菜 菜 菜
水	shuǐ	eau	水 水 水 水 水 水 水 水 水 水 水 水
对	duì	exact	对 对 对 对 对 对 对 对 对 对 对 对
孩	hái	enfant	孩 孩 孩 孩 孩 孩 孩 孩 孩 孩 孩 孩
或	huǒ	ou	或 或 或 或 或 或 或 或 或 或 或 或
者	zhě	celui qui	者 者 者 者 者 者 者 者 者 者 者 者
母	mǔ	mère	母 母 母 母 母 母 母 母 母 母 母 母

Atelier d'écriture

父	fù	père	父	父	父	父	父	父	父	父	父	父	父	父
工	gōng	travail	工	工	工	工	工	工	工	工	工	工	工	工
作	zuò	faire	作	作	作	作	作	作	作	作	作	作	作	作
爱	ài	aimer	爱	爱	爱	爱	爱	爱	爱	爱	爱	爱	爱	爱
听	tīng	écouter	听	听	听	听	听	听	听	听	听	听	听	听
话	huà	langue, parole	话	话	话	话	话	话	话	话	话	话	话	话
问	wèn	demander	问	问	问	问	问	问	问	问	问	问	问	问
课	kè	cours	课	课	课	课	课	课	课	课	课	课	课	课
能	néng	pouvoir, être capable de	能	能	能	能	能	能	能	能	能	能	能	能

Atelier d'écriture

只	zhǐ	只	只	只	只	只	只	只	只	只	只	只	只
seulement												
法	fǎ	法	法	法	法	法	法	法	法	法	法	法	法
loi												
馆	guǎn	馆	馆	馆	馆	馆	馆	馆	馆	馆	馆	馆	馆
établissement												
千	qiān	千	千	千	千	千	千	千	千	千	千	千	千
mille												
包	bāo	包	包	包	包	包	包	包	包	包	包	包	包
envelopper, sac												
些	xiē	些	些	些	些	些	些	些	些	些	些	些	些
quelques												
放	fàng	放	放	放	放	放	放	放	放	放	放	放	放
poser												
事	shì	事	事	事	事	事	事	事	事	事	事	事	事
affaire												
节	jié	节	节	节	节	节	节	节	节	节	节	节	节
fête												

Atelier d'écriture

Caractère	Pinyin	Sens
古	gǔ	ancien
老	lǎo	âgé
东	dōng	est
山	shān	montagne
米	mǐ	riz
地	dì	sol, terre
现	xiàn	présent, actuel
过	guò	passer, traverser
前	qián	devant, avant

Atelier d'écriture

再	zài	再再再再再再再再再再再再
de nouveau		
高	gāo	高高高高高高高高高高高高
haut		
就	jiù	就就就就就就就就就就就就
alors		
街	jiē	街街街街街街街街街街街街
rue		
名	míng	名名名名名名名名名名名名
nom, prénom		
市	shì	市市市市市市市市市市市市
marché, ville		

Grille pour s'entrainer

Lexique chinois-français

A

爱情片	àiqíng piān	film romantique
安静	ānjìng	calme
安全	ānquán	en sécurité, sûr

B

八	bā	huit
爸爸	bàba	papa
白色	báisè	blanc
百	bǎi	cent
半	bàn	demi
帮助	bāngzhù	aider
棒	bàng	super
包	bāo	sac
杯	bēi	verre
北部	běibù	nord
比如	bǐrú	par exemple
别的	biéde	autre
博物馆	bówùguǎn	musée
补课	bǔkè	suivre des cours de rattrapage
不	bù	*négation*
不错	bùcuò	pas mal
不管	bùguǎn	qu'importe
不太	bùtài	pas trop
不准	bùzhǔn	interdire

C

擦	cā	nettoyer
菜	cài	plat
参观	cānguān	visiter
厕所	cèsuǒ	toilettes
长	cháng	long
常常	chángcháng	souvent
唱歌	chànggē	chanter
吵架	chǎojià	se disputer
城市	chéngshì	ville
吃饭	chīfàn	manger
宠爱	chǒng'ài	gâter
出去	chūqù	sortir
出生	chūshēng	être né (en)
厨房	chúfáng	cuisine
除了	chúle	excepté
船	chuán	bateau
(一张)床	(yī zhāng) chuáng	(un) lit
春天	chūntiān	printemps
次	cì	fois
聪明	cōngming	intelligent
从……到	cóng… dào	de… à
从来	cónglái	toujours

D

打	dǎ	jouer (basket, pingpong)
打扫	dǎsǎo	nettoyer
大巴	dàbā	car, autocar
大学	dàxué	université
(一件)大衣	(yī jiàn) dàyī	(un) manteau
蛋糕	dàngāo	gâteau
当然	dāngrán	bien sûr
到	dào	jusqu'à ; arriver
灯	dēng	lampe
等	děng	attendre
等等	děngděng	etc.
第	dì	*marque des nombres ordinaux*
弟弟	dìdi	petit frère
地方	dìfang	endroit
点	diǎn	heure
电脑	diànnǎo	ordinateur
电视	diànshì	télévision
电影	diànyǐng	film
东部	dōngbù	est
冬天	dōngtiān	hiver
懂	dǒng	comprendre
动画片	dònghuà piān	dessin animé
都	dōu	tous
独生子女	dúshēng zǐnǚ	enfant unique
短	duǎn	court
对身体不好	duì shēntǐ bùhǎo	mauvais pour la santé
对不起	duìbùqǐ	désolé
对面	duìmiàn	en face
多长时间？	duōcháng shíjiān	(pendant) combien de temps ?
多大？	duōdà	quel âge ?
多少？	duōshǎo	combien ?
多少钱？	duōshǎoqián	combien ça coûte ?

E

饿	è	avoir faim
二	èr	deux
二楼	èrlóu	1er étage
二十	èrshí	vingt
二月	èryuè	février

Lexique chinois-français

F

法国	Fǎguó	France
烦死了	fán sǐ le	énervant
饭馆	fànguǎn	restaurant
方便	fāngbiàn	pratique
房间	fángjiān	chambre
房子	fángzi	maison, logement
放	fàng	poser
放假	fàngjià	être en vacances
放松	fàngsōng	se détendre
非常	fēicháng	très
飞机	fēijī	avion
分	fēn	minute
分钟	fēnzhōng	minute *(durée)*
粉红色	fěnhóngsè	rose
风景	fēngjǐng	paysage
附近	fùjìn	alentours
父母	fùmǔ	parents

G

高	gāo	haut
高楼	gāolóu	tour, immeuble
高兴	gāoxìng	content
告诉	gàosu	dire à
哥哥	gēge	grand frère
个	gè	*classificateur*
个子	gèzi	taille
给	gěi	donner
跟……一起	gēn… yīqǐ	en compagnie de, avec (quelqu'un)
公交车	gōngjiāochē	bus
公园	gōngyuán	parc
工作	gōngzuò	travailler, travail
狗	gǒu	chien
孤独	gūdú	seul, solitaire
古老	gǔlǎo	ancien
拐	guǎi	tourner
关系	guānxi	relation
管	guǎn	se mêler de
逛街	guàngjiē	faire les magasins
贵	guì	cher
(一个)柜子	(yī gè) guìzi	(une) armoire, (un) placard
国	guó	pays
国外	guówài	étranger
过	guò	traverser
过生日	guò shēngrì	fêter un anniversaire

H

还	hái	encore
还是	háishì	toujours ; ou bien
孩子	háizi	enfant
海边	hǎibiān	bord de mer
汉堡包	hànbǎobāo	hamburger
好看	hǎokàn	joli, beau
好玩儿	hǎowánr	amusant
喝	hē	boire
和	hé	et
河	hé	fleuve, rivière
贺卡	hèkǎ	carte de vœux
黑板	hēibǎn	tableau
黑色	hēisè	noir
很	hěn	très
红包	hóngbāo	enveloppe rouge
红色	hóngsè	rouge
后面	hòumiàn	derrière
花	huā	fleur
花园	huāyuán	jardin
滑雪	huáxuě	skier
话	huà	parole
画画	huàhuà	dessiner, peindre
皇帝	huángdì	empereur
黄色	huángsè	jaune
回家	huíjiā	rentrer à la maison
会	huì	savoir faire ; probablement
活动	huódòng	activité
火车	huǒchē	train
或者	huòzhě	ou bien

J

几日？	jǐ rì	quel jour (du mois) ?
几月？	jǐ yuè	quel mois ?
家	jiā	famille, maison
家人	jiārén	membres de la famille
家务	jiāwù	tâche ménagère
假期	jiàqī	vacances
讲故事	jiǎng gùshi	raconter des histoires
饺子	jiǎozi	ravioli
叫	jiào	s'appeler *(nom et prénom ou prénom)*
街	jiē	rue
节(日)	jié(rì)	(jour de) fête
姐姐	jiějie	grande sœur

Lexique chinois-français

今天	jīntiān	aujourd'hui
近	jìn	proche
景点	jǐngdiǎn	site touristique
九	jiǔ	neuf
觉得	juéde	trouver que

K

咖啡馆	kāfēiguǎn	café *(lieu)*
卡拉OK	kălā ok	karaoké
开学	kāixué	rentrée des classes
看	kàn	regarder (télévision, film)
看见	kànjiàn	voir
看书	kànshū	lire
考试	kǎoshì	examen, contrôle
可乐	kělè	cola
可怜	kělián	à plaindre
可能	kěnéng	peut-être
可是	kěshì	mais
可以	kěyǐ	pouvoir
(一门)课	(yī mén) kè	(une) matière scolaire
客厅	kètīng	salon
苦	kǔ	pénible
酷	kù	cool
(一条)裤子	(yī tiáo) kùzi	(un) pantalon
块	kuài	*unité monétaire chinoise*

L

辣	là	pimenté
来	lái	venir
篮球	lánqiú	basket
蓝色	lánsè	bleu
老人	lǎorén	vieil homme
老师	lǎoshī	professeur
累	lèi	fatigué
冷	lěng	froid
理解	lǐjiě	comprendre (quelqu'un)
里面	lǐmiàn	dedans, dans
礼物	lǐwù	cadeau
历史片	lìshǐ piān	film historique
两	liǎng	deux
聊天	liáotiān	discuter
了解	liǎojiě	comprendre
〇	líng	zéro
零食	língshí	snack
零用钱	língyòngqián	argent de poche
留下	liúxià	garder
六	liù	six
路口	lùkǒu	croisement
旅游	lǚyóu	voyager
绿色	lǜsè	vert
乱	luàn	en désordre

M

吗	ma	*particule interrogative*
妈妈	māma	maman
骂	mà	gronder
买东西	mǎi dōngxi	faire des achats
买菜	mǎicài	acheter à manger
漫画	mànhuà	bande dessinée
忙	máng	occupé
(一件)毛衣	(yī jiàn) máoyī	(un) pull
帽子	màozi	chapeau, bonnet
没	méi	*négation de* 有
没办法	méi bànfǎ	n'y rien pouvoir
没空	méi kòng	être occupé
没意思	méi yìsi	inintéressant
美国	Měiguó	États Unis
每天	měitiān	tous les jours
妹妹	mèimei	petite sœur
门	mén	porte
米	mǐ	riz
面条	miàntiáo	nouilles
庙	miào	temple
名牌	míngpái	de marque
明天	míngtiān	demain
明星	míngxīng	star

N

哪?	nǎ	lequel ?
哪年?	nǎ nián	(en) quelle année ?
哪国人?	nǎguórén	de quel pays ?
哪儿?	nǎr	où ?
那里	nàlǐ	là-bas
奶奶	nǎinai	grand-mère
男	nán	homme
难	nán	difficile
南部	nánbù	sud
难吃	nánchī	mauvais
难过	nánguò	triste
难看	nánkàn	laid
男朋友	nánpéngyou	petit ami
能	néng	pouvoir
你	nǐ	tu

Lexique chinois-français

你呢?	nǐ ne?	et toi ?
你的	nǐde	ton, ta, tes
你好	nǐhǎo	bonjour
你们	nǐmen	vous
你们的	nǐmende	votre, vos
年	nián	année
女	nǚ	femme
女朋友	nǚpéngyou	petite amie

O

欧洲	Ōuzhōu	Europe

P

爬山	páshān	marcher en montagne
怕	pà	avoir peur
旁边	pángbiān	à côté
胖	pàng	gros
跑步	pǎobù	courir
朋友	péngyou	ami
批萨	pīsà	pizza
便宜	piányi	bon marché
漂亮	piàoliang	joli
乒乓球	pīngpāngqiú	pingpong

Q

七	qī	sept
骑	qí	chevaucher, faire (vélo, moto, cheval)
起床	qǐchuáng	se lever
千	qiān	mille
钱	qián	argent
前面	qiánmiàn	devant
巧克力	qiǎokèlì	chocolat
请	qǐng	inviter
秋天	qiūtiān	automne
去	qù	aller
全家	quánjiā	toute la famille
(一条)裙子	(yī tiáo) qúnzi	(une) jupe, robe

R

然后	ránhòu	ensuite
让	ràng	laisser faire
热	rè	chaud
热闹	rènao	animé
人	rén	personne
人口	rénkǒu	population
日	rì	jour
日本	Rìběn	Japon
日子	rìzi	jours
如果	rúguǒ	si

S

三	sān	trois
三十	sānshí	trente
三月	sānyuè	mars
散步	sànbù	se promener
晒太阳	shài tàiyáng	prendre le soleil
晒黑	shàihēi	bronzer
山	shān	montagne
商店	shāngdiàn	magasin
上课	shàngkè	aller en cours, commencer les cours
上面	shàngmiàn	dessus, sur
上网	shàngwǎng	aller sur Internet
上午	shàngwǔ	matinée
少	shǎo	peu
谁?	shéi	qui ?
什么?	shénme	quoi ?
什么时候?	shénme shíhou	quand ?
生活	shēnghuó	vie
生气	shēngqì	fâché, en colère
生日	shēngrì	anniversaire
圣诞节	Shèngdànjié	Noël
诗人	shīrén	poète
十	shí	dix
十二月	shí'èryuè	décembre
十一月	shíyīyuè	novembre
十字路口	shízì lùkǒu	carrefour
是	shì	être
世界	shìjiè	monde
事情	shìqing	affaire
市中心	shìzhōngxīn	centre-ville
收到	shōudào	recevoir
首都	shǒudū	capitale
手机	shǒujī	téléphone portable
瘦	shòu	mince
书	shū	livre
蔬菜	shūcài	légume
舒服	shūfu	se sentir bien ; confortable, agréable
(一个)书架	(yī gè) shūjià	(une) bibliothèque, (une) étagère
暑假	shǔjià	vacances d'été
薯条	shǔtiáo	frite
树	shù	arbre
数学	shùxué	mathématiques

Lexique chinois-français

帅	shuài	beau
水	shuǐ	eau
水果	shuǐguǒ	fruit
睡觉	shuìjiào	dormir
说	shuō	parler
说谎	shuōhuǎng	mentir
四	sì	quatre
虽然	suīrán	bien que
岁	suì	an *(âge)*
所以	suǒyǐ	ainsi

T

(一件)T恤	(yī jiàn) T-xù	(un) T-shirt
他	tā	il
她	tā	elle
它	tā	il / elle *(neutre)*
他的	tāde	son, sa, ses
他们	tāmen	ils
她们	tāmen	elles
他/她们的	tāmende	leur, leurs
太阳	tàiyáng	soleil
谈恋爱	tán liàn'ài	flirter
糖果	tángguǒ	bonbon
讨厌	tǎoyàn	détester
特别	tèbié	particulier
踢足球	tī zúqiú	jouer au football
天气	tiānqì	temps, météo
跳舞	tiàowǔ	danser
听	tīng	écouter
听音乐	tīng yīnyuè	écouter de la musique
听话	tīnghuà	obéissant
同学	tóngxué	camarade, élève
头发	tóufa	cheveux

W

外面	wàimian	dehors
外语	wàiyǔ	langue étrangère
完	wán	finir
玩电脑	wán diànnǎo	jouer à l'ordinateur
玩儿	wánr	s'amuser
晚饭	wǎnfàn	dîner
晚会	wǎnhuì	soirée
晚上	wǎnshang	soir
往	wǎng	vers
往前走	wǎng qián zǒu	aller tout droit
为什么?	wèishénme	pourquoi ?
文化	wénhuà	culture
问题	wèntí	problème
我	wǒ	je
我的	wǒde	mon, ma, mes
我们	wǒmen	nous
我们的	wǒmende	nos, notre
无聊	wúliáo	ennuyeux
五	wǔ	cinq
午饭	wǔfàn	déjeuner
物理	wùlǐ	physique

X

西安	Xī'ān	Xi'an
西部	xībù	ouest
希望	xīwàng	espérer
喜欢	xǐhuān	aimer
洗碗	xǐwǎn	laver la vaisselle
洗澡	xǐzǎo	se laver
下课	xiàkè	sortir de cours, finir les cours
下面	xiàmiàn	en dessous, sous
吓跑	xiàpǎo	s'enfuir
夏天	xiàtiān	été
下午	xiàwǔ	après-midi
下雪	xiàxuě	neiger
下雨	xiàyǔ	pleuvoir
先	xiān	d'abord
现代	xiàndài	moderne
香港	Xiānggǎng	Hongkong
响声	xiǎngshēng	bruit
想要	xiǎngyào	avoir envie de
小	xiǎo	petit
小吃	xiǎochī	repas léger
小时	xiǎoshí	heure *(durée)*
些	xiē	*classificateur du pluriel*
(一双)鞋(子)	(yī shuāng) xié(zi)	(une paire de) chaussures
写	xiě	écrire
(一个)星期	(yī gè) xīngqī	(une) semaine
星期几?	xīngqī jǐ	quel jour de la semaine ?
星期天	xīngqītiān	dimanche
姓	xìng	se nommer *(nom de famille)*
幸福	xìngfú	heureux
凶	xiōng	sévère
需要	xūyào	nécessiter
选	xuǎn	choisir

Lexique chinois-français

学	xué	apprendre
学习	xuéxí	étudier, apprendre
学校	xuéxiào	école

Y

颜色	yánsè	couleur
眼睛	yǎnjīng	yeux
要	yào	falloir
爷爷	yéye	grand-père
也	yě	aussi
野兽	yěshòu	animal sauvage
一	yī	un
一……就	yī… jiù…	dès que…
一点儿	yīdiǎnr	un peu
(一件)衣服	(yī jiàn) yīfu	(un) vêtement
一楼	yīlóu	rez-de-chaussée
一起	yīqǐ	ensemble
一些	yīxiē	quelques
一月	yīyuè	janvier
以后	yǐhòu	après
以前	yǐqián	auparavant, avant
(一张)椅子	(yī zhāng) yǐzi	(une) chaise
意大利	Yìdàlì	Italie
因为	yīnwèi	parce que
音乐	yīnyuè	musique
饮料	yǐnliào	boisson
应该	yīnggāi	devoir
英国	Yīngguó	Royaume-Uni
英语	yīngyǔ	anglais
用	yòng	utiliser
游戏	yóuxì	jeu
游泳	yóuyǒng	nager
游泳池	yóuyǒngchí	piscine
游泳衣	yóuyǒngyī	maillot, tenue de bain
有	yǒu	avoir
有意思	yǒu yìsi	intéressant
有的	yǒude	certains
有风	yǒufēng	venteux
有空	yǒukòng	être libre
有名	yǒumíng	célèbre
有时	yǒushí	parfois
又……又	yòu… yòu…	à la fois
右边	yòubiān	droite
鱼	yú	poisson
语文	yǔwén	langue et littérature
浴室	yùshì	salle de douche
远	yuǎn	loin, éloigné
(一个)月	(yī gè) yuè	(un) mois
越来越	yuèláiyuè	de plus en plus
月亮	yuèliang	lune
运动	yùndòng	(faire du) sport
运气	yùnqi	chance

Z

在	zài	se trouver à / en / chez
再	zài	à nouveau
早	zǎo	tôt
早饭	zǎofàn	petit déjeuner
早上	zǎoshang	matin
怎么?	zěnme	comment ?
怎么样?	zěnmeyàng	comment ? *(état)*
站	zhàn	station, arrêt
照顾	zhàogu	s'occuper de (quelqu'un)
这	zhè	ceci
这样	zhèyang	comme ça
知道	zhīdào	savoir
之一	zhīyī	un des
只	zhǐ	seulement
中部	zhōngbù	centre
中国	Zhōngguó	Chine
中午	zhōngwǔ	midi
重要	zhòngyào	important
周末	zhōumò	week-end
猪肉	zhūròu	porc
住	zhù	habiter
(一张)桌子	(yī zhāng) zhuōzi	(une) table
自己	zìjǐ	soi-même
自私	zìsī	égoïste
自行车	zìxíngchē	vélo
棕色	zōngsè	brun
走路	zǒulù	marcher
足球	zúqiú	football
最	zuì	le plus
最后	zuìhòu	dernier
左边	zuǒbiān	gauche
坐	zuò	s'asseoir, prendre (voiture, bus, train, avion)
做	zuò	faire
做饭	zuòfàn	cuisiner
作业	zuòyè	devoirs

Références des images

Couverture		Andy Brandl/GettyImages
4		Good_Studio/Istock
5	A	xixinxing-Fotolia.com
5	B	ViewStock / www.agefotostock.com
5	C	Holger Leue/Look/ www.agefotostock.com
5	D	Mike Orlov-Fotolia.com
5	E	XiXinXing/Istock
5	F	sjenner13/Istock
6		fotofabrika-Fotolia.com
8	d, g	Good_Studio/Istock
8	bbm	ivannaivvector-Fotolia.com
8	bhm	Yuliya Belenkova/123rf
8	hm	sahua/123RF
9	1	Oligo-Fotolia.com
9	2	Kara-Fotolia.com
9	3	Alexandra Karamyshev-Fotolia.com
9	4	nazarovsergey-Fotolia.com
9	5	Tom Wang-Fotolia.com
9	A	inbj/123rf
9	B	Li Xuejun/123rf
9	C	Yang Yu/123rf
11	A	Tom Wang-Fotolia.com
11	B	vitalily_73-Fotolia.com
11	C	XiXinXing/Istock
11	D	Guy Ozenne/123rf
11	E	miya227-Fotolia.com
11	F	Wang Tom/123rf
12	A	Alx-Fotolia.com
12	B	Vladimir Engel/123rf
12	C	Ivan Gulei/123rf
13	A	idiltutuner/Istock
13	B	Elnur Amikishiyev/123rf
13	C	lanak/123rf
13	D	Dmitry Melnikov/123rf
14	A	aussieanouk-Fotolia.com
14	B	GKor-Fotolia.com
14	C	Henrik Larsson-Fotolia.com
14	D	Zoltán Futó-Fotolia.com
14	m	miceking/123rf
15		Timurock-Fotolia.com
16	2A	spiral media-Fotolia.com
16	2B	HN Works-Fotolia.com
16	2C	sharpnose-Fotolia.com
16	2D	Timurock-Fotolia.com
17	A	eariewboo-Fotolia.com
17	B	Kagenmi-Fotolia.com
17	C	SeanPavonePhoto-Fotolia.com
17	D	somkku9kanokwan/123rf
18		pico-Fotolia.com
19	1	pyty-Fotolia.com
19	2	pixelliebe-Fotolia.com
19	3	TommL/Istock
19	4	elena_suvorova-Fotolia.com
19	5	Simon Dannhauer-Fotolia.com
19	6	Karel Miragaya/123rf
19	A	ariwasabi/Istock
19	B	Elenathewise/Istock
20	A, B	Paolese-Fotolia.com
20	C	caifas-Fotolia.com
22	A	tibor13-Fotolia.com
22	B	Scanrail-Fotolia.com
22	C	Shaiith-Fotolia.com
22	D	gosphotodesign-Fotolia.com
22	E	ddukang-Fotolia.com
22	F	Maksim Shebeko-Fotolia.com
22	G	Duy Doan/Istock
23	hm	leungchopan-Fotolia.com
23	hd	Katya Triling/123rf
23	hg	Ogonkova-Fotolia.com
23	hhm	Yuliya Belenkova/123rf
24	A	razihusin-Fotolia.com
24	B	Yulia Zhukova/123rf
24	C	lzf/Istock
24	D	Opla/Istock
24	E	TEA/123rf
25	1	Dragonstar007-Fotolia.com
25	2	eal444/Istock
25	3	Wang Tom/123rf
25	4	lassedesignen-Fotolia.com
27		JohnnyGreig/Istock
28	A	Tomwang112/IStock
28	B	Olix Wirtinger/Fancy/ Photononstop
29	1	kdshutterman/123rf
29	2	Cathy Yeulet/123rf
29	3	joey333/IStock
29	4	wusuowei-Fotolia.com
31	A	primagefactory/123rf
31	B	yanjf/Thinkstock
31	C	kzenon/123rf
32	hd	CHINA: "Oracle Shell"/Granger/ Bridgeman Images
49	bd, bg	NorGal-Fotolia.com
49	hd	"Caoshu", Shanghai Museum/ Pictures fromHistory/David Henley/Bridgeman Images
49	hg	Werner Forman/UIG/Leemage
49	md	diamondimages/Shutterstock
50		TEA/123rf
52	1	t4nkyong-Fotolia.com
52	2	OLEKSII-Fotolia.com
52	5	Jan-Fotolia.com
52	3	lefebvre_jonathan-Fotolia.com
52	4	Udom Charoenchitsophol/ 123rf
52	b	Kaikoro-Fotolia.com
54	1	oilslo-Fotolia.com
54	2	aloph-Fotolia.com
54	3	akg-images/Pictures From History
54	4	Yoshitoshi
55	hd	Blue Jean Images/Alamy
55	hg	railwayfx-stock.adobe.com
55	hm	Lee Snider Photo Images/ Shutterstock
56	E	NextMars-Fotolia.com
57		fotoVoyager/Istock
58	A, B	Nathalie P-Fotolia.com
58	C	iMAGINE-Fotolia.com
60	1A	boophuket-Fotolia.com
60	1B	SeanPavonePhoto-Fotolia.com
60	1C	Mr.rapisan Swangphon/123rf
60	1D	ymgerman123rf
60	2A, 2C	leremy-Fotolia.com
60	2B	Алексей Дегтярев/123rf
61	A	marcuspon-Fotolia.com
61	B	Fedor Selivanov/123rf
61	C	dmbaker/123rf
61	D	manganganath/123rf
61	E	Tuomas Lehtinen/123rf
61	F	Iuliia Sokolovska/123rf
62	hd	赵艳峰/123rf
62	hg	Fedor Selivanov/123rf
62	hm	Anton Ivanov/123rf

Malgré nos efforts, il nous a été impossible de joindre certains photographes ou leurs ayants droit, ainsi que les éditeurs ou leurs ayants droit pour certains documents, afin de solliciter l'autorisation de reproduction, mais nous avons naturellement réservé en notre comptabilité des droits usuels.

Edition : Evelyne Doan
Relecture : Christèle Ribour-Wang
Iconographie : Aurélia Galicher, Maria Mora Fontanilla
Conception graphique couverture et intérieur : Joëlle Parreau
Mise en page, photogravure : Jouve
Illustrations : Song Xiaojun

Achevé d'imprimer en France - avril 2018
Par Loire Offset Titoulet à St-Etienne
N° 2018030613 - Dépôt légal : 9088/01